現代
自治選書

# 地方自治の再発見

## 不安と混迷の時代に

加茂 利男 著

自治体研究社

「地方自治の再発見」目次

# 序章　「何が起こるかわからない時代」の始まり

## はじめに

2017年、日本も世界も、「何が起こるかわからない時代」に足を踏み入れたという感じがします。

観測史上最大のマグニチュードの地震が、巨大津波や原発事故を誘発した2011年の東日本大震災は、文字通り何が起こるかわからない「危険社会」（U・ベック、後述）の怖さを実感させせました。

この大災害の余波のように、社会や政治にも「予想外」のできごとが頻発しました。20

14年以降だけをとってみても、ロシアのクリミア併合やシリア空爆、北朝鮮の核開発の進展、イスラム風刺画を掲載したパリの週刊誌へのテロ攻撃、同じくパリでの大規模な同時多発テロが起こっています。テロは、16年にはブリュッセル、ベルリン、コペンハーゲン、ニース、トルコなどでも続発しました。EU域内では2015年だけで360以上のテロ事件が起こったといわれます（遠藤乾『欧州複合危機』中公新書）。「日に1度はテロ」の時代といっても言い過ぎではありません。

2015年はまた、シリア、イラク、スーダン、ソマリアなどでの戦争やテロのために、100万人を超える大量の難民が発生してヨーロッパに押し寄せ、欧米に政治的混乱をもたらした年でもありました。「イスラム国」のテロは世界中に不安と混乱を広げていますが、同時に中東や北アフリカでは事実上国家が崩壊して、治安や民生が成り立たない状態も広がっているのです。

経済にも、10年前には予想もされなかった動揺が起こっています。2015年には、ギリシャの債務危機とEUからの離脱の危機が起こりました。16年6月、今度はイギリスが、EUからの自主的な「離脱」を国民投票で決めるという出来事が起こり、世界を驚かせました。

そして……、「何が起こるかわからない時代」の到来を告げた極め付けの事件が、16年11月のアメリカ大統領選挙におけるドナルド・トランプの当選でした。「トランプ現象」については、すでに様々な議論が起こっていますし、それが今後どう展開するかは、判然としません。しかし、これはアメリカ史における異例な出来事であり、これまでの「平常状態」からの逸脱だと言わざるを得ません。

## 「トランプ現象」をどうみるか

「アメリカ第一主義」（「アメリカ・ファースト」）を唱えて、中東、北アフリカやメキシコからの移民を排除することを主張する政治家がアメリカ大統領になるとは、ほとんどの人が予想していなかったので、世界中が驚きました。

2017年1月、大統領就任式を終えたトランプ大統領は、矢継ぎ早やに、選挙中に掲げた政策を実行する大統領令を発しました。なかでも中東などのイスラム圏7か国からの渡航者の入国を禁止する大統領令は世界に衝撃と混乱を呼び起こしました。こうしたトランプ・ショックを受けて、メディアは「予測不可能性の時代」が始まった、と言い始めたのです（『レコード・チャイナ』。ウェブページなど）。

「予測不可能」とは、何が起こるかを合理的に推論できないということです。出来事の初期の状態が不確かであったり、その後の変化にランダム性（でたらめ、偶然性）が強かったりする場合、出来事の結末は予測できなくなります。異常気象による災害がおこるたび、メディアは「これまで経験したことのない」、あるいは「想定外」の異常現象と呼ぶようになりました。変化の出発点を正確に読みきれなかったか、変化の過程に直線的でない動きが起こったため、予測を超えた結果になってしまったわけです。

同じようにEUの動揺やトランプ政権の登場などは、人間が行う政治的・経済的な活動も予測不可能性を強めていることを示しています。予測を超えた出来事が続くことで、いやがうえにも「何が起こるかわからない」という雰囲気が強まり、不安と混乱が世界を覆っているのではないでしょうか。

トランプ政権は、アメリカの歴史の中でみても、これまでの政権とは異質な性格を持っており、そのためにこの政権の行動は、経験知では容易に予測できません。

そのことを実感させたのがイスラム圏7か国からの入国禁止令（行政命令）でした。90日間の時限付きの命令ではありましたが、その先がどうなるのか、わかりません。17年1月末に行われたロイター通信の全米世論調査では、この大統領令への支持が49％、反対が41％だったそうです。これに対してCBSテレビが2月初めに行った調査では、賛成45％、反対51％だったと報じられました。

この数字はあくまで瞬間風速的な世論分布しか示していませんが、二つの意味合いを持っていたように思います。一つは大統領令のインパクトが、アメリカ国民のなかに潜在的に横たわっていたナショナリズム、移民排除の心情に火をつけ、燃え上がらせたということです。もう一つは、同時にこの決定がこれに対する大きな反発も呼び起こし、アメリカの国論をかつて例がないほど真っ二つに分断する作用を果たしたことです。トランプ政権は、あえて国論を分断・対立させることを辞さない政権だといえます。

アメリカという国は、もともと移民の国で、世界中からさまざまな人種、民族、宗教、文化を持つ人たちが集まってきて建国されました。だからこそ、合衆国憲法は、異質で多様なグループの人たちが共存して暮らしていくために、特定の勢力や権力機関が権力や政策決定を独占できないよう、権力の分立、抑制と均衡、地方自治などを重視した政治制度をつくりました（A・ハミルトン、J・マディソン、J・ジェイ『ザ・フェデラリスト』岩波文庫）。現実には黒人や先住民への差別が行われたにしても、理念としては多様性を認め、権力の分散とバランスをはかる政治が追求されてきたといってもよいと思います。

アメリカの伝統的な外交政策であった「孤立主義」の背景にも、移民の国における多様性が作用していたと考えられます。孤立主義は、アメリカがヨーロッパから自立し、ヨーロッパの干渉を受けない代わりに、アメリカもヨーロッパでの紛争や国家対立に介入しないという原則で、独立以来掲げられてきた方針を、第5代大統領ジェイムズ・モンローが国是として打ち出したもので、「モンロー主義」ともいわれます。

ヨーロッパでの国家対立や戦争に巻き込まれて、異なる国々からアメリカに移民してきた人たち同士が対立して国を分裂させることにならないために、アメリカはヨーロッパの紛争に介入しないという意味も含まれており、「移民の国」の外交原則だったとも言えます。

19世紀の終わりごろになると米西戦争が起こり、アメリカはスペインの植民地であった西半球のフィリピンやグアム、プエルトリコなどを占領・領有し、西半球での勢力圏拡張を追求しはじめたので、孤立主義はあくまでヨーロッパとの関係での原則だったといえますが、この原則は20世紀にいたるまで、アメリカ外交の基本方針とされてきたのです。

第1次世界大戦では、アメリカは、はじめ孤立主義の伝統を守るとともに、ドイツ系・イタリア系移民に配慮して参戦することなく中立を守りました。当時の世論調査でも、国民の多数は中立政策を支持していたようです。しかし1915年にイギリス船籍の商船ルシタニア号がドイツ潜水艦によって撃沈され、多数のアメリカ人が犠牲となる事件がおこりました。これに続いて三国協商（イギリス、フランス、ロシア）側の国に物資を運ぶアメリカの商船までが、Uボートによって攻撃され、ドイツが「無制限潜水艦作戦」を打ち出したため、世論の大勢が反ドイツに固まり、孤立主義の原則を棚上げにして第1次大戦に参戦したのです。

大戦後のアメリカは、いっときウィルソン大統領の下でヴェルサイユ条約の締結や国際連盟の結成などに加わって国際秩序づくりに寄与し、「国際主義」に傾きましたが、議会は孤立主義の考え方に立ってヴェルサイユ条約を批准せず、国際連盟からも離脱しました。このため、アメリカは再び孤立主義の伝統（平常状態）に戻ったといわれます。

第2次大戦では、F・D・ルーズベルト政権は早くから、ナチ・ドイツに脅威を感じ、参戦の準備をしていたのですが、やはりドイツ系・イタリア系などの移民への配慮から公然たる参戦を避けていたのです。しかしドイツ、イタリアと三国同盟を結んだ日本の真珠湾への奇襲攻撃（1941年）に対する憤激で大多数の国民がまとまったのを受けて、第2次大戦に参戦することになりました。ここでも政権は、燃え上がった世論の大勢を背景にして参戦への旗を振ったのです。

ちなみに歴史を遡ると1863年、南北戦争の中でエイブラハム・リンカーン大統領が発した「奴隷解放宣言」も「大統領令」でした。

これはアメリカをあえて南部と北部に分断し、南部連合の解体を目指した行政命令だったようにみえますが、リンカーンはこの宣言後、共和党の急進派と穏健派、民主党の奴隷制擁護派、南部と北部の境界諸州、南部連合諸州など、利害や主張を異にする諸勢力が競合する中で、最大多数をまとめ上げ、奴隷制廃止を定めた合衆国憲法修正13条を議会で可決させ、多くの州で批准させるために苦闘したのでした。2012年に公開されたスピルバーグ監督、ダニエル・ディー・ルイス主演の映画『リンカーン』は、国を分裂させず、まとめ上げようとしたリンカーンの苦心を描いてアカデミー賞の主演男優賞などを受けました。リンカーンの行動は、トランプ大統領の大統領令の発想とは全く趣を異にするように思います。

このように、アメリカという国は、紛争や内戦をくぐりぬけながらも、絶えず多様なグループ、勢力を分断させてしまうのではなく、均衡させ、まとめ上げようとする考え方に基づいて運営されてきたといえます。それができたのは、この国がもともと広大な「フロンティア」を持ち、移民たちが経済的・社会的に上昇していけるような条件を持っていたために、ヨーロッパよりも平等性の高い民主的な社会をつくれたこと（A・ド・トクヴィル『アメリカのデモクラシー』岩波文庫など）、そして20世紀になると、どの国よりも早く大量生産・大量消費体制に基づく高い工業生産力を実現したためでした。いいかえれば、新大陸に生まれたこの国の持つ豊かさが、多様性の尊重や抑制と均衡に基づく合意の政治を生み出したとも言えるのです。

ところが、第2次大戦の結果、アメリカが「世界の警察」を自ら任じるようになると、「移民の国」の多様性に根差した孤立主義の伝統は崩れました。ベトナム戦争のように、正義感や愛国心の高揚に裏付けられていたわけではない戦争が行われ、国民の国への信頼、モラルや誇りが失われても、世界中の紛争に介入するようになりました。民主党であれ共和党であれ、経済外交のレトリックとして孤立主義的な言説を述べることはあっても、国としては孤立主義を退けて、「世界秩序を守る」というスタンスを絶えず見せることになったのです。いいかえれば、孤立主義―国際主義―孤立主義のサイクルが作用しなくなり、大国・帝国的な「国際主義」が「平常」になったのです。

ただし、戦後アメリカの「国際主義」は、必ずしも国連などを通した諸外国との協調を意味するものではなく、圧倒的な経済的・軍事的なパワーを持つアメリカが「世界の警察」として一国で国際紛争に介入したり、アメリカが非人道的とみなす行為を正すために一国で行動するという意味をも含んでいました。国際協調主義は「多国間主義」（マルチラテラリズム）、一国での行動は「単独行動主義」（ユニラテラリズム）と呼ばれるようになりました。

２００１年の９・11同時多発テロは、久々にアメリカの愛国主義に火をつけました。非人道的なテロ行為に対する国民の憤りが高まり、ブッシュ政権はこれを受けてイラク戦争に突き進んだので、この点では第１次、第２次大戦と同じようなパターンに見えました。ただ、「９・11への報復」を、戦争の大義名分とするわけにはいかなかったので、イラクが大量破壊兵器を保有しており、その破壊に応じないということが、開戦の表向きの理由とされました。愛国主義的な国民感情を受けた戦争だった点では、第１次、第２次大戦と似ていましたが、この行動は、「単独行動主義」と呼ばれました。

ところが大量破壊兵器はついに発見されず、空爆によって多くの民間人を犠牲にし、イラクの社会を破壊してしまったブッシュ政治の正当性が問われることになりました。このため、アメリカは、もはや胸を張って「平常への復帰」ができず、むしろ中東紛争の泥沼から足を抜けなくなってしまったというほかありません。

第1次・第2次の両大戦、ベトナム戦争や湾岸戦争を含めて、「戦争の正当性」などというものは、根本的には証明されるものではありません。しかしそれでも、国際的な「不正義」と思われる事件が起こったと思われたとき、多数の国民が、人種・民族・宗教などのグループの違いを超えて愛国主義で結束するという政治的な習性が、アメリカという国に働いていたことは否定できません。

そういう国民的習性はベトナム戦争、イラク戦争など、虚偽にもとづいて引き起こされた戦争のために以前のようには働きにくくなりました。

そこへトランプ政権が登場したのです。貿易や移民問題では「孤立主義」的政策を掲げながら、軍事では「単独行動主義」を辞さないこの大統領の下で、アメリカがどう変わっていくのか、不気味というほかありません。

トランプ大統領の7か国からの入国禁止措置は、この周期的に表れる愛国主義・排外主義の一端のようにもみえますが、ちょっと違うのは、先にも述べたとおり、同時に反トランプ、反移民排斥の大きな声も沸き上がり、国が分断されたことです。第1次大戦の時のウィルソン大統領、第2次大戦の時のルーズベルト大統領は、アメリカ国民の結束を演出し、これを背景に戦いの旗を掲げたのですが、トランプ大統領は、むしろ意識的にアメリカを分裂させてでも、自分の主張を押し通そうとする姿勢を打ち出しているようにみえ、その点で、これまでの大統領たちとは異質に思われます。

1920~30年代のドイツの憲法学者・政治学者に、カール・シュミットという人がいました。ナチの御用理論家といわれた彼は、「政治」の本質は「友敵」関係だと言いました。つまり「政治」というのは、討論や説得にもとづいて合意を形成する営みではなく、討論、説得も、合意も成り立たたなくなったときに、敵と味方を区別し、力によって敵を排除して、ことを決する行動こそが「政治」だというのです。ワイマール共和政期のドイツは、政治的・経済的な不安定の時代で議会がうまく機能せず、国家的な意思決定が容易にできなかったため、ワイマール憲法に盛り込まれた大統領の緊急命令が頻発され、それがやがてナチスの独裁につながったのですが、シュミットはこの大統領の緊急命令権に関する規定を拡大解釈して発動しやすくする憲法論を打ち出しました。彼の「政治」の概念は、この憲法論の裏付けになっていたのです(C・シュミット『政治的なものの概念』『大統領の独裁』いずれも未来社)。

平気でイスラム教徒を敵視し、白人優位を唱えてみせることで、国民の中にあるナショナリズムや排外主義の感情をかき立て、自分に批判的なメディアを記者会見から締め出すなど、反対派を片っ端から攻撃してみせるトランプ政治のアイデアや手法も、いささかシュミットのアイデアに似ていて、これまでのアメリカ民主主義の理念とは異質なものを感じさせます。

トランプ政権の発する行政命令や法案に反対する声がアメリカ全土に広がり、連邦裁判所や議会がトランプ政治をチェックする方向で動き始めたことは、政権が多様性の尊重、抑制と均衡の精神を失っても、この国全体ではそれが死に絶えたわけではないということを示しています。しかし半面、トランプ大統領によってアメリカが二つに分断されたことは、やはり軽視できません。多様性を受け入れ、抑制と均衡を基本としつつ、重要な時には大多数の国民の合意を形成して、ことを決してきたアメリカという国を、それとはまったく異質な、多様性を認めず、分断と排除の考え方に立つ国に転換させることになるのかどうかが、いま問われているのです。

政治制度からみると、アメリカは、ワイマール時代のドイツとは異なり、三権分立をとっています。ですから、ワシントン州やハワイ州の連邦地裁が、トランプ大統領の大統領令を憲法違反として効力停止する判決を下したように、司法が大統領独裁をチェックできる制度になっています。また、「オバマ・ケア」といわれた医療保険制度の見直し法案も、共和党を含めた議会の抵抗で、撤回することになりました。

この点では、シュミットのような考え方が、簡単にいまのアメリカ政治を支配することはないはずなのですが、問題は大統領の国家指揮権です。アメリカ大統領は軍の最高司令官で、軍の作戦行動への指揮命令権を持ちます。宣戦布告は議会の権限ですが、それ以外の軍の行動に対する指揮権は大統領が持つのであり、これを司法や立法がコントロールすることは、容易ではありません。「戦争権限法」という国家指揮権を制約する法律はありますが、戦争という国家の非常時には大統領のもとに国全体が結束すべきだという考え方が強く働きますので、大統領の権限を抑制することは容易ではないのです。

イラク戦争の時も、ブッシュ政権が大量破壊兵器保有を理由に、国連の決議もないまま、一国でイラクに軍事的な攻撃をしたことに対して、エドワード・ケネディ、アル・ゴアら有力な政治家たちの批判もありましたが、緊急時に政権批判をするべきではないという雰囲気が強く、議会も大統領に一国で軍事行動を起こす権限を圧倒的多数でみとめました。大統領の軍事的な決定と行動が、強い力で国を動かしたのです。トランプ大統領の強引な政治スタイルも、それが軍事におけるリーダーシップという形で表現されたときに、どんな反応を引き起こすかは、話がちがってきます。

現に、２０１７年4月に行ったシリアへのミサイル攻撃、北朝鮮への軍事侵攻の威嚇《いかく》などは、軍事指揮権という大統領権限の威力を示しました。トランプ流ナショナリズム、排外主義の政治が、今後アメリカの政治にどんな影響を与えるかは予断を許しません。

また、トランプ政治は世界中に大きな余波を広げているようにも思えます。フランスの「国民戦線」、ドイツの「ドイツのための選択肢」、オーストリアやオランダの「自由党」など、ナショナリズム、移民排斥を唱える右翼政党がヨーロッパ各国で台頭しており、政治の予測不可能性を大きくさせています。また、それと連動するように、北朝鮮の軍事的挑発行動が強まっており、中国やロシアの領土・勢力拡張の行動も目立ってきています。トランプ政権が、この世界的な「予測不可能政治」の火薬庫に火をつけるのではないか、という懸念も広がっています。

この本を書いている間にも、北朝鮮の核ミサイル開発をめぐる緊張が急激に強まり、米朝両国のチキン・レースにも似た対立で、不安が一気にリアリティを持ったものになってきました。

## 「不安」の歴史的記憶

このように、いま世界には不安と混乱を広げる出来事が、これでもか、これでもか、というように起こっています。ドイツの社会学者・哲学者ウルリヒ・ベックは、〝現代人は、日々危険にさらされ、不安の下におかれている〟といっています（U・ベック『危険社会』法政大学出版局）が、この言葉もあながち大げさとは言えないでしょう。

「不安」という言葉をたびたび使ってきました。心理学では、不安という言葉は定義された用語として使われているのでしょうが、ここではもう少し、社会的・歴史的な意味で受け止めたいと思います。

人類はその長い歴史の中で、何度も「この世の終わり」への不安におののいた経験をくぐり抜けてきました。世界の終末という観念は、キリスト教では新約聖書の「ヨハネ黙示録」にでてくるハルマゲドンの戦い（世界終末戦争）という言葉と結びつけて、戦争、災害、伝染病などの恐怖が高まるたびに語り継がれてきました。

西暦2000年が近づいたころ、キリスト教で言われる「第二千年紀」の終わりの到来というので、ノストラダムスのような予言者・占星術者のことが話題になったことはまだ記憶に新しいところです。言ってみれば人間は、こうした破局への不安や怖れを繰り返し経験しながら、多くの歴史的困難をくぐりぬけてきたといってもよいでしょう。

いまから1世紀ほど前、日本は関東大震災という天変地異の恐怖を味わったあと、大正デモクラシーと近代文明が顔をのぞかせた短い晴れ間の時代を経て、そこから、あれよ、あれよという間に昭和恐慌や日中戦争、軍国主義体制などの「暗い谷間」の時代へと暗転しました。

この歴史的変化の曲がり角だった昭和2年（田中義一内閣による山東出兵が行われた年ですが）、作家・芥川龍之介が自殺しました。旧友あての手紙に「僕の将来への唯ぼんやりとした不安」という言葉を残していたそうです。真相はよくわかってはいませんが、鋭敏で繊細な時代感覚を持つ文人・芥川は、常人以上に世の中の暗転を敏感に感じ取って不安にさいなまれ、その不安に耐えられず、死に赴いたのではないかとも言われています。

これは「不安」という言葉の一つの用例にすぎませんが、それでもいまの私たちにも幾分か重なるところがありそうな気がします。天変地異が頻発し、経済が停滞、不安定化し、民主主義が弱まり、ついには核戦争の危機をはらんだ軍事的緊張が生まれているいま、私たちは平和な日常生活を送りながら、その生活とはかけ離れた破局のことを想像せざるを得なくなっています。「ぼんやりとした不安」というより、リアリティを伴う切迫した「不安」を多くの人が感じているのではないでしょうか。

もしかしたら、芥川の自殺は、やがてくるかもしれない破局を感知して不安に耐えられなくなったがための現実逃避だったのかもしれません。いま私たちが感じている不安は、よりリアリティの強い不安ですが、破局のイメージがあまりにも日常生活からかけ離れているために「逃避」しようのない不安のように思えます。

## おわりに

私ごとですが、私は5年前に大病をして体が不自由になりました。入院中、豪雨・洪水のニュースや尖閣諸島、竹島などをめぐる国際的緊張などを病室のテレビで見ましたが、自分の体が自由に動かなくなっていただけに、いいようのない不安を覚え、テレビも新聞も見たくなくなり、世の中の動きから目をそむける現実逃避の気分に陥りました。その時、若いころに読んだ宮本顕治の『敗北の文学』のことを思い出して、自殺した芥川の気持ちがわかったような気がしました。『敗北の文学』は、芥川を論じた文芸評論ですが、そのなかで宮本は、芥川の作品の中に社会批判の精神を読み取りながらも、繊細で脆弱《ぜいじゃく》な小ブルジョア精神のために時代の変化にたいする不安に打ち勝てず現実から逃げてしまった、と芥川を批判し、野蛮な変革の精神で時代に立ち向かうべきことを力説していたと記憶しています。

宮本が描いた芥川のこのイメージが、妙に病中の私の心境とダブったのです。しかし、その後いくらか体力を取り戻して現実に向かいあう気持ちになると別の光景も見えてきて、どんなスタンス、観点で見るかによって現実の見え方が違ってくるものだと実感しました。

2015年の安保法制に反対する新しい運動などは、これまで予見できなかった出来事でした。国会前の「希望のエリア」に毎週集まった人たち、シールズにみられるような自分の頭で考えて声を上げた若者たち、安保関連法に反対するママの会などの行動が、全国に波及してふくれあがりました。以前には経験したことのない意外な社会現象でした。考えようによっては、これも「何が起こるかわからない」時代の表現かもしれません。行動していたのは「個」であり、「私」でした。「個」が「個」として「私」が「私」として、自立していったときに、自分の頭で自分自身や子どもたちの将来を真剣に考えはじめ、改めて他の人との自覚的な結びつきを求めるようになる。「個」や「私」は、人間同士がバラバラになることを意味する面もありますが、逆にトコトン平等な「個」や「私」になったとき、みんなが自分の頭で考えることを通して、共同性を求めるようにもなりうる。そういう社会現象を見た気がしました（宇野重規『「私」時代のデモクラシー』岩波新書、参照）。

一つひとつはちっぽけですが、不安と混迷の中に、光明のようなものも見えます。２０１６年夏のはじめ、テレビの報道特集番組を見ていたら、ヘイト・スピーチ対策法のことがとり上げられていました。法律ができてから初めて、川崎市でヘイト・デモが計画されたのですが、市は法律にもとづいて公園の使用を不許可にしました。デモ主催者は、かなり離れた別の場所に会場を移したのですが、その会場はヘイトに反対する市民で埋め尽くされ、ヘイト・グループがやってくると警察官がぎっしり取り囲んでヘイト・デモを規制するのです。

ヘイト側が、「表現の自由に対する侵害ではないか」といって警官に食ってかかったのですが、これに対して警備の警察官がなんと「これが国民世論なんだよ」というのです。ちょっと耳を疑いました。こんなことも起こりうるのだということに驚きました。民族的な差別や対立を煽《あお》る活動に反対した世論が法律をつくり、警察はその法律にもとづいてヘイトを取り締まらざるを得なくなったわけです。小さな声を出し続ければ、それがやがて大きくなって、多数派になりうる。そういう意外な「予測不可能性」もこの時代ははらんでいるのだ、と思いました。

要するに、危うさと混迷に満ちた今の世界でも、簡単に現実逃避することなく、みんなが自分の考えをもって小さな努力を積み重ねれば、それが社会を動かす力を持ちうるという、平凡といえば平凡な命題に気づかされたわけです。

ちょっと情緒的なことを書いてしまいましたが、要するにこれがこの本のサブタイトルで表現したかったことです。このような時代感覚をもちながら、ここから後の章を読んでいただければ幸いです。

# 第1章　混迷する世界と資本主義のゆくえ
## ――超資本主義からポスト資本主義へ――

### はじめに

ここからが本論ですが、まずトランプ現象と並んで２０１６年の世界を驚かせたヨーロッパの混乱のことについて書きたいと思います。

### ヨーロッパはどこへ？

ここ数年のヨーロッパ、とくにＥＵの動揺は、十数年前には考えられなかったものです。

1993年のマーストリヒト条約でEUが確立されて以降、ヨーロッパは、アメリカ主導のグローバリズムに対する拮抗力を持った地域統合体、政治・経済主体としての力を持ちつつあるように思われました。1996年のアムステルダム条約の締結、加盟国間での国境検問をなくした「シェンゲン協定」締結国の拡大で、EU域内での人の移動が自由になりました。そして1998年に共通通貨ユーロが導入され、EUが国境のない自由経済圏になりました。EUは21世紀の世界の新しい主役になるという見方が出てきたのは、このころでした。

ところが、共通市場、単一通貨、自由な人の移動の実現は、逆に地域統合の問題点を次第に明るみに出すという意外な展開になりました。

フランスの人類学者、社会批評家のエマニュエル・トッドという人がいます。

彼は2002年に『帝国以後』（邦訳・藤原書店）という本で、21世紀にはアメリカの覇権が終わり、ヨーロッパがアメリカから自立することを予見したのですが、現実はそれとは違った方向に進みました。このことについて彼は最近になって『朝日新聞』のインタビュー（2016年9月）に答えて、こういっています。

「欧州の変質を見誤った。私は当時、米国の影響力から自立した欧州は、衰退する米国とは異なり、世界の安定を推進すると思っていた。だが、今は国際情勢の不安定要因だ。米国はむしろ相対的に安定している。

欧州はこの10年で、ＥＵの加盟国が水平的につながる関係ではなく、経済大国ドイツが主導権を誇る連合体になってしまった。統一通貨ユーロの存在が階層化の原因のひとつだ。欧州危機で露見した通り、加盟国の経済力の違いが階層化を生み、さらにＥＵ内部では他の加盟国への憎しみが募っている」（Ｅ・トッド『グローバリズム以後』朝日新書、110頁）。

ヨーロッパの雰囲気が明から暗へ大きく様変わりしたのです。端的にいえば、ユーロという単一通貨を持つことで加盟各国が通貨主権を欧州中央銀行に委譲したため、国ごとの自律的な通貨管理・経済運営ができなくなったのです。単一通貨を持つことで統一的な金融秩序・経済・財政ルールをつくり、グローバル時代のなかで欧州各国が世界経済の動きに翻弄《ほんろう》されない力を持つ。そのために各国がＥＵの金融・財政ルールを守りあうことで、この共通通貨圏の安定を図る。これがユーロ創設の狙いだったのですが、この狙いが裏目に出てしまったのです。共通の金融・財政秩序を作ろうとしたことが、経済力の異なる国々の事情の違いを浮き上がらせることになった、といってよいと思います。

一つの国の中でなら地域間の経済不均衡は財政で調整ができますが、ＥＵ加盟国は、通貨主権は持たなくても、なお国家です。マーストリヒト条約では加盟国間の財政移転が禁止されるとともに、各国が財政赤字をＧＤＰ比３％以内とすることが義務付けられました。これは、EUが各国から主権の多くを委譲された地域統合体である半面、加盟国は国ごとの経済的・財政的自律性を求められた国家でもあるという二面性の表現だったとも言えます。こうした制度枠組みの下で、単一通貨が導入されたため、各国はユーロに振り回されながら、それぞれ限られた財政政策や経済政策の手段を使って、国民生活を維持しなければならなくなりました。

イギリス、ドイツのような経済強国とギリシャやスペインのようなあまり強くない国との間の経済格差が、同じ通貨になった結果却《かえ》って歴然として、調整が難しくなったのです。

2014年のギリシャの経済危機はこうした矛盾の集中的な表現でした。同国の財政赤字、デフォルト（債務不履行）寸前の債務危機が明るみに出、国債の格付けが下がって資金調達もできなくなり、失業と賃金・福祉の切り下げなどが起こったのです。これに対してEUやECB（欧州中央銀行）は、IMF（国際通貨基金）などとともに、ギリシャに厳しい緊縮財政を求め、ギリシャ国民の反発を受けました。

ユーロ創設以後、ドイツが中心になって各国に経済・財政規律を押し付けるようになってきて、「ヨーロッパのドイツ化」とまでいわれるようになっていましたが、そういう実態が露呈したような出来事でした。

2008年に「リーマンショック」が起こりました。震源地のアメリカ以上に欧州経済は混乱しました。ギリシャ危機はその余波を受けて起こった出来事だったともいえます。ギリシャは、最終的にはＥＵやＩＭＦとの妥協が成り立ち、ＥＵ離脱には至りませんでしたが、南欧のポルトガル、スペイン、イタリアなどもギリシャに似た問題を抱えており、こうした国々のＥＵからの離脱が起これば、ＥＵは分裂してしまいかねないという懸念が、広がったのでした。

ところが実際には、まずドイツと並ぶ経済強国イギリスが、２０１６年の国民投票の結果（6月23日）、ＥＵを離脱するということになってしまいました。これに世界中が驚いたのですが、実はそれは必ずしもサプライズではありませんでした。

グローバル経済の下では、経済力・財政力の弱いギリシャのような国は、ＥＣＢ（欧州中央銀行）やＩＭＦなどがコントロールする国際金融秩序から切り離されると、国の経済が立ち行かなくなるので、ＥＵやユーロ圏から離脱しようがありませんでした。逆にイギリスは、ユーロを導入しておらず、ヨーロッパ大陸諸国ほどＥＵへの帰属意識や依存性は強くなかったのです。むしろＥＵ財政に大きな寄与をしている割には見返りが少なかったため、損得勘定で考えれば離脱した方がよいという考え方が働いたのです。とくに世界的な金融市場や知識経済の拠点であるロンドンをかかえたイングランドが、離脱に向かって動いたのが決定的だといわれます。

いずれにしても、ギリシャ危機もイギリスの離脱も、一つの通貨のもとで、経済力に大きな格差を持った国々が共存するEUの矛盾の一つの結末ではありました。

今のヨーロッパのオピニオン・リーダー的な知識人の一人が先に紹介したフランスの人類学者エマニュエル・トッドですが、イギリスで影響力のある学者に、アンソニー・ギデンスという人がいます。トニー・ブレア政権と関係の深かった人ですが、そのギデンスは2014年に『揺れる大欧州』という本を書いています（邦訳。岩波書店）。この本で彼は言っています。

「通貨ユーロによって創設者たちが考えた課題が実行された。ユーロによって、ユーロ圏とその延長線上にあるEU全体の独立度は以前よりはるかに高くなった、しかし、それは危険をはらんだ間違ったやり方、ある意味では無責任なやり方で行われ、その結果、大混乱をもたらした」（同書、8ページ）。

単一通貨は導入されたものの、債務危機や財政危機への対応システムや共通の金融ルールの整備が遅れたことが、ヨーロッパの経済秩序を不安定化させたというのです。ギリシャ危機もイギリスの離脱も、その結果でした。EUという超国家的統合体の創設という実験は、一頓挫《とんざ》したか、少なくともブレーキがかかったことになるでしょう。

イギリスのEU離脱で、世界的な経済危機や加盟国の「ドミノ離脱」が懸念されました。しかし、「リーマンショック」に比べると、ショックはこれまでのところ、それほど大きくはありません。イギスの経済規模は、リーマンショックの震源だったアメリカに比べてそれほど大きくはなく、また離脱がきめられたといっても、すぐにそれが実行されるわけではなく、イギリスとEUの時間をかけた交渉によってはじめて実現するものとされていました。離脱手続きが行われている間に、イギリスとEU加盟諸国との個別的な自由貿易協定が結ばれたりしているため、急激な混乱は起こらずに済んだのです。

2012年につくられていた「欧州安定化機構」（ESM）が強化され、2014年にはECBが加盟各国の銀行の監督や破たん処理などを統一的に行う「銀行同盟」が発足していたことも、離脱パニックを予防する働きをしたと考えられます。一方で分裂の危険をはらみながらも、遅ればせながらEUの金融・財政規制、財政統合も進んでいたということです。

では、イギリスの離脱ショックがこのまま沈静化し、大きな混乱は起きないで済むかというと、必ずしもそうではないようです。差し迫った問題としては、2017年から18年にかけて、ヨーロッパが「政治の季節」を迎えることが挙げられます。17年はオランダの総選挙、フランスの大統領選挙、ドイツ総選挙、18年にはイタリア、スウェーデン、オーストリアの総選挙が予定されており、おしなべてこれまでの中道連合政権が右翼ナショナリズム政党の台頭で揺さぶられています。

ヨーロッパでも、トランプ政権下のアメリカと同じように自由な人の移動の制限、国境管理の強化が行われる可能性があり、経済の面でも単一自由市場が個別の自由貿易体制・関税同盟に置き換えられていく可能性がないとは言えません。アメリカと同じように、政治の側から想定外の変化・混乱が引き起こされる可能性がないとはいえないのです。

話をまとめておきましょう。21世紀初頭までのヨーロッパは、EUという地域統合体として結合し、福祉や環境政策での共通ルールを積み重ね、共通市場、単一通貨、共通市民権、中央銀行などをつくり、EU憲法の制定まで視野に入れていました。それが単一通貨の導入によって、経済的な軋轢《あつれき》が強まるとともに、1990年代まで重視されていた社会民主主義的な「社会モデル」（ギデンズ、前掲『揺れる大欧州』）に代わって、ドイツのメルケル首相やフランスのシラク大統領の影響力のもとで、新自由主義的なグローバリズムへの傾斜が強まり、他方でこれに対する南欧や北欧、若者や労働者、移民などの反発も強まって、EU憲法条約の締結ができなくなりました。「社会モデル」から「グローバリズム」へ、「グローバリズム」から「再国民化」へ、と風向きが変転したのだといってもよいかもしれません（高橋進・石田徹編『「再国民化」に揺らぐヨーロッパ』法律文化社）。

そのヨーロッパをリーマンショックの衝撃が襲い、ヨーロッパはアメリカ以上に大きく揺さぶられました。あるいは、そもそもEUの経済規模では、グローバル資本主義の影響やアメリカ発のバブル崩壊不況のショックを吸収する力を発揮できなかったということになるのかもしれません。そのなかで強い経済力を持つドイツの発言力・影響力が強まり、「ヨーロッパのドイツ化」が，いやがうえにも進まざるを得なくなったということでしょうか。

本書の執筆中にオランダの総選挙が行われ、自由党は第一党になれず、中道政権が継続することになりました。フランス大統領選の結果もどうやらＥＵ離脱につながらないようです。しかしこの後、ヨーロッパの「政治の季節」の風向きがどうなっていくかはまだわかりません。

## 「資本主義」はどこへ？

ヨーロッパから視野を広げて、資本主義の問題を考えてみましょう。私は経済学者ではありませんので、以下の話は最近の比較的ポピュラーな資本主義論を概観しながらのアマチュアの資本主義論として読んで下さい。

ご承知のように、いま日本は「マイナス金利」の状態です。マイナス金利ということは、貯金をしても利子がつかず、手数料を取られて元金が減っていくということです。10年国債の金利もゼロ以下であり、国債を持っていても元本割れなしで運用すると利息はゼロです。これはとりもなおさず、10年間は経済成長が起こらない、つまり向こう10年は投資をしても利益の得られるビジネスがないとみられていることを意味します。要するに、投資をして利潤を得るという資本主義の基本的なメカニズムが機能していないということではないでしょうか。

ヨーロッパも超低金利で、アメリカは一応プラス金利ですがその水準は史上最低といわれています。皮肉ですが、資本主義は、中国のような社会主義国や途上国でしか機能していないのです。

欧米でも日本でも、株式や為替で大きな利益を上げている投資家や企業がありますが、これは生産活動への投資で収益を上げているわけではありません。株式や債券には値動きがあるので、それを読んで安い金融商品を買って高くなったところで売れば、利ザヤが得られます。また為替レートの変動をうまく読めば為替差益が得られ、投資収益はあがります。いずれもモノやサービスの生産と結びつかない投機的な性格の強いビジネスです。

実体経済から分離したマネー市場で、株や為替の値上がりを期待した投資が膨らむと、株価は上がって一見景気が良くなります。しかし、モノやサービスの生産・消費が盛んになるわけではないので、マネー市場の好景気は、商工業、中小企業には波及するわけではありません。大企業や金融部門の収益が、モノづくり産業、中小企業、雇用や労働者の賃金にも波及する（滴り落ち＝トリクルダウン）という考え方が経済政策のなかでは有力ですが、マネー市場であがる収益は、その多くがまたマネーに再投資され、金融・為替市場ばかりが膨れ上がっていくのであり、実体経済は停滞したままというのが実状なのです。

モノやサービスの生産・消費に投資が回るようにするには、金利を下げて資金を入手・利用しやすくする必要があるというので、金融緩和・超低金利政策がとられているのですが、それでも商工業には、そもそも投資をして利益が上がるビジネスがあまりないため、資金需要もなくなっています。マイナス金利、ゼロ金利にしても目立った効果がでてこないのはそのためです。

そもそものはじめは１９７０年代でした。この時期に起こった石油ショックによる資源コストの上昇で、モノやサービスの生産で得られる利潤が減少しました。利潤率の低下が始まったのです。そこで、アメリカやイギリスでは、資本が金融部門やＩＴ（情報産業）、あるいは交易条件の良い海外へ移動しました。これにつれて金融の分野では、リスクは高いがリターンも大きい金融商品が次々に開発され、それらがネット空間で大量に取引されるようになりました。金融・情報市場が飛躍的に膨張したのです。金融・ＩＴビジネスに投資が流れ込み、モノやサービスなどの生産・取引の規模よりはるかに大きなマネー経済の世界をつくってしまったのです。大きくなったマネー経済は、モノやサービスの生産や消費とは結びつかず、独り歩きを始めました。

映画『ウォール街』（オリバー・ストーン監督、マイケル・ダグラス、チャーリー・シーン主演、1987年）では、金融投資家が航空会社の株を買って経営権を手に入れたうえで、低収益部門を整理し高収益事業は売却する。つまり土地や設備や従業員を持つ実物としての会社を、「証券」という「紙」にして、右から左へ売り払うことで利益を得ようとする姿が描かれました。まさしくその種のビジネスがまかり通るようになったのです。

リーマンショックを描いた映画に『マージン・コール』（J・C・チャンダー監督、ケヴィン・スペイシー主演、2011年）があります。この映画では金融工学的な手法でマネー投資をしていた投資銀行（リーマン・ブラザーズがモデル）のリスク管理部門の担当者が、ある日、自社が保有しているポートフォリオ（資産リスト）にふくまれているサブプライム住宅ローン証券の価格変動（下落）率が予測よりはるかに速く進んでおり、このままではその日のうちにも資産額を超える不良資産を抱えてしまうことに気づき、深夜に役員を集めて対策を相談し、値下がりしている証券を、何も知らない投資家を相手に売り抜ける作戦を立てて実行するという話です。

要するに、住宅・不動産という実物の価値から乖離し、一人歩きしたローン証券が大量に取引され、バブルを引き起こしてしまったのです。

たんにマネー経済と実体経済が分離されたのではなく、マネーが実物を飲み込んで膨れ上がったといってもいいかもしれません。

証券の価格は、証券市場での売買価値であって、実物の裏付けはありません。値上がりへの期待が証券価値をつくるのです。期待が期待を呼んで膨らむと、証券・金融ブームになり景気はよくなりますが、証券価値を形成しているのは、あくまでも投資家の値上がりへの期待であって、価値の実体はないので「バブル」（泡）と呼ばれるのです。

「バブル」とか「バブル崩壊」とかいう言葉を、誰がつくったかはわかりませんが、１９８０年代後半の日本の好景気のなかで作られた和製英語であることは間違いないようです。それがいまや押しも押されもしない「国際語」になっているのです。

念のために言うと、１９８０年代の日本の「バブル景気」は、自動車や電機などの輸出に支えられていた面もあったので、バブルだけではありませんでした。ところが、輸出による貿易黒字として貯め込まれ、膨れ上がったジャパン・マネーが、行き場所を求めて金融市場や不動産市場に流れ込んだことが、バブルを引き起こしたのでした。

いまは違います。２０１２～２０１５年の日本の貿易収支は赤字に転じており、今日のマネー経済は、実体経済に支えられてはいません。外国人観光客の「爆買い」が、干天《かんてん》の慈雨《じう》になっているとさえいえなくもありません。

話を元に戻します。マネー経済は、証券など金融商品の値上がりへの期待によって成り立ち、動くのですが、そろそろ値上がりが限界だとみんなが思うようになると証券は売られ、売りが売りを呼んで証券価値は急激に下がります。価値のなくなった金融資産を抱えこんでしまった投資家や金融機関は、倒産に追い込まれざるをえません。バブルの破裂・崩壊です。ブラック・マンデー（1987年）とかリーマンショック（2008年）がバブル崩壊による金融危機だったことは、いまさら言うまでもないでしょう。

実体経済が停滞したままでのマネー経済の一人歩きは、周期的にこのようなバブル崩壊を繰りかえさざるをえません。バブルが崩壊するたびに、金融取引への規制や監視などの措置が取られるのですが、金融ビジネスの方は、投資家の期待をかき立てる新しい金融商品を開発して市場に出します。リーマンショックの原因になったのも、サブプライム・ローンという低所得層向けの住宅ローンが証券化されたローン証券でした。ところが、住宅価格の値崩れでローンの延滞が急増し、ローン証券を大量に保有していた投資銀行や証券会社が、巨額の損失を出して倒産したのでした。ローン証券という金融商品が、住宅・不動産という実物市場の実勢から、かけ離れた相場をつくったのです。

リーマンショック後は、膨大な公的資金が注入され、投資銀行（日本でいう証券会社）は商業銀行や持ち株会社に吸収されてしまう一方、金融改革規制法がつくられ、金融市場への規制・監視が強化されたので、バブル崩壊不況の危機はひとまず遠のいたといわれました。しかし、実はその後も金融市場や銀行資産の規模は巨大であり、投資家・投資機関が値上がりの期待できる金融商品を、鵜の目鷹の目でもとめています。したがって規制をかいくぐって新しいマネー投資が行われる可能性は残っています。実物経済で利益が得られない今、利益をあげるにはやはりマネー投資ということになるので、どうしてもバブルの発生と崩壊の要因が残るのです。

いずれにしても、マイナス金利やゼロ金利は、実体経済のゼロ成長とつながっているのであり、そのなかで無理やり収益を得ようとするとバブルの発生、崩壊になるわけです。資本主義はいよいよ機能しなくなるとともに、金融恐慌の危険を絶えずはらんでいるのです。

資本主義が機能しなくなっているとすれば、どうすればいいのでしょうか。だから社会主義に転換するしかないというのが、一昔前の世代がもっていた体制変革のイメージでした。いや、今でも２０１６年のアメリカ大統領選挙で民主党の予備選に立候補したバーニー・サンダースなどは、「民主的社会主義」を掲げて善戦しました。時給15ドルの最低賃金制、国民皆保険、公立大学の学費無料など、政策を掲げた彼の登場で、「社会主義」という体制イメージがかすかに復活したかにみえたほどです。しかし、資本主義の代替システムとしての社会主義という、たしかな体制像ができたわけではありません。

ベルリンの壁の崩壊で、旧ソ連・東欧社会主義は資本主義よりも先に崩壊してしまい、中国や北朝鮮の社会主義は、独裁政治のもとで維持されており、民主主義の上に成り立っている体制ではありませんので、資本主義の代替システムにするのは無理があります。サンダースやその支持者たちが描いていた社会主義はどういうものかもそれほど明確ではないとすれば、資本主義はそれに代わるシステムのデザインができないまま漂流しているというほかありません。

こうしたなかで経済学者、政治学者などのなかに、機能しなくなった資本主義をどうするのかについて、様々な議論が起こっています。その主なものを概観しておきましょう。

### (1) 超資本主義

クリントン政権の労働長官を務めた経済学者、ロバート・ライシュは「資本主義を救う」というアイデアを打ち出しています。

ライシュによれば、現代の資本主義は、「超資本主義」(「スーパー・キャピタリズム」)だといいます。つまりグローバルに広がった自由市場資本主義の下で、企業や投資家も消費者もみな、あくなき利益を求めて暴走するようになった。以前は公共の利益を守ろうとする市民がいて、民主主義が資本主義の暴走をコントロールしていたが、いまはその市民が投資家や消費者に豹変してしまって、資本主義の暴走を抑制する力が働かなくなった。民主的資本主義が超資本主義にとって代わられてしまった、というのです。

超資本主義の下では、人はみな二面性をもち、一方では投資家・消費者として、少しでも利益をあげ、得をしようとします。そのために少しでも「得」になる投資をし、「お得」な商品やサービスを買おうとする。このことは、低賃金・長時間労働の企業の株を買い、商品やサービスを購入することに通じます。いわゆる「ブラック企業」が続々と登場するわけです。しかし、人はまた市民でもあり、労働者・生活者ですから、安全で質の高い商品、よりよい労働条件や環境や賃金を望む面も持っています。

先ごろ、宅配便の激増の問題が話題になりました。消費者が、少しでも便利で安い商品やサービスを求めて、アマゾンなどのネット通販の商品を買うようになります。かくいう私なども、体が不自由なせいもあって、近年は書店に行く回数が激減して、もっぱらアマゾンで本を買っています。こういう消費行動がむやみに広がったため、宅配の便数や配達量が増え、不在配達品の再配達も激増して宅配労働者の長時間労働が慢性化していましたが、それでも賄えなくなって深刻な人手不足に陥ったというのです。消費者がネット通販の便益を得ようとすることで、書店の経営が脅かされ、宅配労働者の賃金や労働条件が劣悪になる。消費者としての私たちが労働者に対する加害者だということになるわけです。

しかし市民としての私たちは、労働者の低賃金や長時間労働に心を痛めもします。人々はそういう二面性をもつわけです。ただ、いまは投資家や消費者の論理のほうが市民や労働者のなかにも侵食して、市場競争を際限なく強めている。それが超資本主義だというのです（ロバート・ライシュ『暴走する資本主義』東洋経済。原題『スーパー・キャピタリズム』）。

超資本主義に対するライシュの処方箋は、資本主義を社会主義的な体制に変えるというのではなく、「資本主義を救う」というものです（『最後の資本主義』東洋経済。原題『資本主義を救う』）。

資本主義を救う方策の一つは、イノベーションによる実体経済の再構築だとライシュは言います。ＩＴなどの技術は、省力化によって雇用を減らしたり、業務のスピードや密度を上げたりする性質もありますが、コンピューター・ソフトや情報サービス、コンテンツや文化・芸術などの産業を拡大する面もある。そういう新しい産業分野で利益を生み、それを広く共有する仕組みを構築できれば、労働時間の短縮や所得の公平な配分を実現できる可能性がある、というのです。

イノベーションも大切ですが、ライシュがより強調するのは、超資本主義を民主的資本主義に改革し直すことです。投資家や消費者に変貌してしまった人間に、市民や労働者としての性質を回復させ、「公共性」への配慮が働く資本主義にすることだというのです。社会的な格差・不平等を不正義だと考え、公共の利益の実現を求める市民が増え、政治に影響力を持つようになれば、法人税や富裕層の所得税、キャピタル・ゲイン課税を引き上げ、最低賃金の保障や雇用形態・労働時間の規制、環境保全などの政策を実現することが可能になるというのです。

ライシュはこうした改革への具体的な方策を示しているわけではありません。ただ、資本主義も市場原理も人間がつくったものであり、いま多くの人間がその自ら作った経済メカニズムの犠牲者になっている。だから、この状態を打開するには、人間がこのことに気づき、自らが主人公になって民主主義を再建し、超資本主義を制御するほかはない。人々が市民として労働者として、超資本主義への「拮抗《きっこう》勢力」をつくり上げていくしかないと考えているようです。

私が見た限りでは、ライシュの議論にはそれほど目新しいものはなく、超資本主義を民主的資本主義で抑制することによって資本主義を救うという多分に倫理的な提案です。ただ、これはバーニー・サンダースの民主的社会主義の考え方と共通する面を持った改革論であり、アメリカの中からこうした議論が出てきていることには注目してよいと思います。

じている人もいます。

## (2) 資本主義の終焉

ライシュの超資本主義論と重なり合いながら、少し違ったイメージで21世紀資本主義を論じている人もいます。

たとえば、資本主義はすでに終焉《しゅうえん》期を迎えているのであり、それを無理に延命させないことが必要だという考え方があります。水野和夫氏の『資本主義の終焉と歴史の危機』（集英社新書）などは、すでに資本主義は成り立たなくなっているという見方を示しています。資本主義とは、資本の自己増殖システム、つまり元手となる資本を投下して、生産・流通などの活動を行い、利潤・剰余価値を得る。得られた利潤は再投資して、資本そのものを大きくするというシステムです。

利潤を拡大して自己増殖するためには、新しい技術を開発したり、市場を開拓したり、低賃金・長時間労働を労働者に求めたりします。それでも利潤を得られる技術・産業・地域がなくなると、海外にそれを求めて「帝国」化し、戦争まで引き起こしました。第2次大戦後は、先進国は多かれ少なかれ、戦後復興を背景にした重化学工業の成長によって、資本主義がいったん復興しました。しかし、やがて国内で利潤が得られなくなると、やはり海外への輸出や直接投資をおこない、利潤の得られる新しい空間をつくる方向をとらざるを得なくなりました。

実体経済で利潤が得られなくなると、金融、それもネットを使ったバーチャルな取引を開発して、そこに実物取引の何倍ものマネーを引き込んだのは、資本主義が延命しようとした究極の動きだったのかもしれません。このことが実体経済とマネー経済を切り離し、マネー資本主義を一人歩きさせることになったのです。

しかし、先に述べたように、このような無理な資本主義延命策は、バブルとその崩壊を繰り返さざるを得ないわけで、その先にはリーマンショック以上のバブル崩壊不況が待ち受けていて、世界経済を長期的な恐慌と国内・国際的混乱に陥《おとしい》れかねない。だから、もう無理な資本主義の延命はやめ、むしろ資本主義を封じ込める新しい体制をつくるしかないというのが、水野氏などの考え方のようです。

しかし厄介なのは、今日の資本主義が、グローバル資本主義だということです。資本・資金や人口が国境を越えて移動するのを押しとどめたり、規制する主体・方法がありません。公共の利益の担い手であるはずの政府・国家の方が資本の動きに合わせるほかはないのです。

福祉国家スウェーデンは、「高福祉高負担」の国といわれたように、高い税率で、企業や高額所得者、中産階級に課税し、その代わりに普遍的な公的福祉・社会保障・教育を保障しました。「スウェーデン・モデル」といわれて、資本主義の弱点をクリアーした混合経済のモデルだとされました。公共部門は、勤労者の３分の１が公務員というほど大きく、その面から見ると社会主義に近かったともいえます。しかし、そのためにインフレ率が高くなり、経済成長率が低くなると、資本が流出し雇用が減って、福祉国家の経済・財政基盤が揺らぎました。実はスウェーデンは、第2次大戦前期以来、金融部門が発達し、多くの外資が入っていたので、福祉国家の行きづまりとともに、1990年代初頭には金融危機にみまわれたのです。

スウェーデン政府は、これに対して公共部門の効率化や地方分権、規制緩和、積極的労働市場政策（公的な職業訓練による労働力の新しい産業部門への移動促進策）、年金など社会保障制度の改革による財政再建に取り組みました。この財政再建はひとまず成功し、経済も回復しましたが、福祉国家もグローバル資本主義の下では、マネーの動向によって揺さぶられることを示したのは間違いありません。

1998年の東アジア通貨危機では、それまで成長を続け、大量の外資を呼び込んでいたタイ、マレーシア、インドネシア、韓国などが、タイ・バーツなど、現地通貨の平価上昇の限界を予測した外資の流出によって、通貨・金融危機に見舞われました。東アジア諸国の多くは、IMFから金融支援を受け、その条件としてIMFがつけたインフレ抑制、財政支出の削減、規制緩和、賃金抑制などの条件（IMFコンディショナリティ）を受け入れざるを得ませんでした。

このように、グローバル資本主義のもとでは、一つの国家では金融資本や資産の動きを抑制することができません。国家がマネーの動きに翻弄《ほんろう》されるのです。むしろ各国は、資本・資金を自国に呼び込むために減税・免税などの競争をするばかりです。２０１６年5月に明るみに出た「パナマ文書」は、ケイマン諸島やバージン諸島などのタックス・ヘイブン（租税回避地）に、多くの企業や資産家が税金逃れの口座を作って資金を隠していることを明らかにしました。こういう場所があるかぎり、国際減税競争はなくなりません。

ＯＥＣＤ（経済協力開発機構）は、法人や資産所有者が、居住している国でも口座のある国でも課税されない「二重非課税」の状態をなくすプログラムをすすめようとしていますが、法的拘束力のある制度はまだできてはいません。

この種の問題はすでに１９７０年代から注目され、アメリカの経済学者ジェームズ・トービンが「トービン税」と呼ばれる案を提案していました。これは、投機性の高い短期の外国為替取引に低率の税をかけてマネー投資にブレーキをかけるとともに、その税収を国際公益の実現のために使おうというものです。アイデアとしては理にかなったものですが、一国では実施できない制度です。G20などの合意のもとに国際協力で行うほかありませんが、これは新自由主義的な政策哲学とも、トランプ流の保護主義的な考え方とも相容れないので、非常に実現の難しい政策だといわざるをえません。

水野氏は、そもそも資本主義的な成長・資本の自己増殖が、限界にきているのであり、「ゼロ金利・ゼロインフレ・ゼロ成長」は、言ってみれば経済社会の「定常状態」であり、資本主義から定常経済への移行が、いま求められているのだと言います。これまた理にかなった意見のように私には思えますが、問題はそうした政策の形成・実施主体をどうつくって行けばいいのか、です。

### (3) ポスト資本主義

資本主義に代わる政治経済体制の構想を「ポスト資本主義」というコンセプトで説明している人もいます。

「ポスト資本主義」というのは、はじめ、アメリカの経営学者ピーター・ドラッカーが１９９３年に書いた『ポスト資本主義社会』（ダイヤモンド社）で打ち出した概念です。彼は、20世紀末から21世紀にかけて、数世紀に一度の大転換が起こっているのであり、資本主義は別の新しい政治経済体制に変貌しつつあると言いました。

いまや資本・資金の大きな部分を動かしているのは、資本家、経営者ではなく、年金基金などのファンド・マネージャーであり、その背後にいるのは年金を積み立て、受給している従業員である。また利潤を求めて活動する営利企業だけが経済主体ではなく、ＮＰＯなどの

「社会セクター」が有力な経済・社会主体になりつつあるとして、資本主義がそれに代わる新しいシステムに変貌しつつあるという見方を打ち出したのです。ただし資本主義の後に来る体制は、まだその姿をはっきり描けないというので、ぼんやりと「ポスト資本主義」（『資本主義以後の社会』）といったのでした。

ドラッカーのこの見解は少し先走りすぎていて、たとえば安倍内閣の下で日本の「年金積立金管理運用独立行政法人」が、株式への投資を増やして運用損を出したように、年金基金もマネー資本主義に巻き込まれる可能性があります。ロバート・ライシュが言うように、従業員・労働者がいつの間にか投資家になってしまい、超資本主義の担い手になるのです。

同じ概念を使って、資本主義の限界を論じている人に広井良典氏がいます（『ポスト資本主義』岩波新書）。広井氏の議論は少なからず水野和夫氏と重なっています。広井氏も、資本主義を「拡大・成長」の体制ととらえ、このシステムが、１９７０年代の石油ショックなどで示された資源の有限性によって外的な限界に達し、同時に大衆消費社会の成熟に伴う需要の飽和によって内的な限界に達したとしています。つまり、資本主義という「拡大・成長」（自己増殖）の体制がその限界に達し、中世の時代に似た定常型の社会へ移行しつつあるのではないか、というのです。

広井氏の議論の面白いところは、資本主義が政府の市場経済への介入のようなかたちで、しだいに社会化（社会主義的な要素の導入）されてきていると考え、その延長上に「ポスト資本主義」の姿をみようとしていることです。ロバート・ライシュの超資本主義を民主主義によってコントロールするという考え方をさらに突き詰めて、資本主義のなかに生まれてくる社会（主義）的要素の向こうにポスト資本主義の輪郭をイメージしようとしているのです。この発想は、バーニー・サンダースの民主的社会主義論に通じますし、１９９０年代までのＥＵの「社会モデル」にもある程度通じるのではないでしょうか。

ポスト資本主義のシナリオのなかでも、とくに注目に値するのが、「ストックの社会保障」構想です。これは、フランスの経済学者トマ・ピケティの『21世紀の資本』（２０１4年、みすず書房）に依拠した構想です。

資本主義は資本の自己増殖のシステムであることは、すでにみたとおりですが、それは資本主義の黄金期には、生産高や所得のあくなき拡大としてあらわれます。しかし、資源の制約や消費の飽和が起こると、生産高や所得（「フロー」）の伸びが頭打ちになります。半面、フローが蓄積されてつくられた「ストック」としての、金融資産や土地、住宅などの価値が経済の中で比重を増し、こういった資産から生まれるリターン（収益）が経済成長率や所得（フロー）の増加率を上回るのが「21世紀の資本主義」だというのがピケティの見解でした。広井氏はこの考え方を下敷きにしながら、だからストックの分配・再分配、ストックレベルの

「社会保障」が必要になるというのです。ストック、つまり金融資産や土地、住宅などの分配・再分配ということになると、キャピタル・ゲイン課税の強化、所得税、固定資産税の累進課税の強化、土地・住宅の公有化などが考えられます。こうした「ストックの社会保障」は、たしかに「社会主義的要素」といえるでしょう。

広井氏の議論はさらに進んで、生産や労働、資産などの大もと、「富の源泉」である自然（土地、エネルギーや環境）を人間が使うことにも課税することで、再分配・社会化を進めるというアイデアを打ち出しています。つまり、土地や資源、環境を共有財産として社会的に管理し、フローやストックでの経済的格差を是正するにとどまらず、広く人間生活の大もとになる共有財産を分かち合う考え方だというのです。

このようなコンセプトにもとづいてかたちづくられる社会のことを広井氏は「緑の福祉国家／持続的福祉社会」と呼んでいます。フローやストックの社会化・再分配が行われている国では、環境保全の実績も高く、福祉政策や環境政策のパフォーマンスは相関しあっている。それらを相乗的に高めるのが「社会化」だというのです。

「ポスト資本主義」は、経済社会の空間的単位という面からも論じられています。

すなわち、経済社会が成り立つ空間は、①コミュニティ（ローカル）――②国民国家（ナショナル）――③市場（グローバル）という3つの層から成り立ち、①から③へと広がってきたと考えられるのですが、人間関係の性質という面から見ると①は人間同士の助け合い（互酬性・共）にもとづいてまとまり、②は政府による調整（再分配・公）によってまとめられるが、③の空間単位では、人々をつなぐ共や公の原理が成り立っていないため、もっぱら自分の「得」・利益をもとめて行動する。ロバート・ライシュの言葉で言えば、投資家や消費者ばかりがいることになるので、「超資本主義」になるわけです。

しかしいまや、ナショナルな空間では、モノやサービスの供給・需要が飽和し、グローバルな空間ではマネー経済がバブル崩壊を繰り返していて、いずれも持続可能性を失っています。いま人々が必要としはじめているのは福祉、環境、まちづくり、文化といった「現在充足的」（必要充足的）な領域における活動やサービスです。そこに浮かび上がってくる経済は「地域内循環」を基本とした「コミュニティ経済」だというのが、広井氏の見解です。

広井良典氏の「ポスト資本主義」論は、大変興味深いものですが、そこに描かれている「定常型社会」は、人々がローカル・レベルで共同体をつくり、大もとの富の源泉である自然から果実を引き出し、自分の必要を充足するとともに他人と自然の富を共有する。コミュニティでは解決できない問題や不平等が起こったらナショナル・レベルの再分配・社会保障機能を働かせる。こうして、資本主義社会よりも、スローな時間の流れの中で生活するというイメージです。

これはどこか、その昔ジョン・ロックやジャン・ジャック・ルソーが描いた「自然状態」、「社会契約」に通じるところがあります。文学や映像の分野で言えば、トルストイの『イワンのばか』や宮崎駿の『となりのトトロ』、倉本聰の『北の国から』、ドイツの児童文学者ミヒャエル・エンデの『モモ』や『オリーブの森での対話』などとも共通するコンセプトのように感じられます。

もっと言えば「ストックの社会化」や「地域内循環＝コミュニティ経済」、「自然価値の社会化」「定常型経済」などは、宮本憲一氏や宇沢弘文氏などが、年来論じてきた「社会的共通資本」「内発的発展」、「維持可能社会」、金子勝氏の市場の中に公共空間を埋め込む「ルール・カップリング」などの理論にも通じるところがあるように思います（以上、宮本憲一『社会資本論』有斐閣、『現代日本の都市と農村』ＮＨＫブックス、『維持可能な社会に向かって』岩波書店、宇沢弘文『社会的共通資本』岩波書店、金子勝『新・反グローバリズム』岩波書店などを参照）。

「自然状態」とか「トトロ」「イワン」となると、多分にファンタジックなユートピアと受け止められそうですが、いずれも「資本主義以前」の人間や社会を描くことで、「資本主義以後」への想像力をかき立てる作品群だということが重要です。

水野氏や広井氏、ライシュやサンダースを眺めていると、いよいよ資本主義の向こうを考えようとする思想や理論の流れが輩出してきたという思いを深くしますが、同時にその前にトランプのような得体《えたい》のしれない思想が立ちふさがろうとしているのかもしれないわけで、やはり「何が起こるかわからない時代」というイメージへ後戻りします。

## おわりに

この章では、最近の代表的でポピュラーな経済学の議論をアマチュアの視線で概観しながら、21世紀資本主義について考えてみました。水野氏や広井氏の本にはいろいろ目を開かされましたが、問題はどうやって資本主義を終わらせ、「定常型社会」や「緑の福祉国家」をつくるのかです。青写真はたくさんできているのですが、それに基づいて「ポスト資本主義」をつくって行く主体形成の構図はまだみえません。それは、主体形成のよりどころになる「政治的現実」がまだ成熟していないからなのでしょう。

2008年、アメリカにオバマ政権が誕生し、翌年、日本に民主党政権が生まれたときには、グローバル資本主義に急ブレーキがかかるかもしれないと思われました。アメリカでは「チェンジ」、日本では「政権交代」が時の言葉になり、社会民主主義的な政策が政権公約に盛り込まれました。しかし、期待は空しくしぼみ、アメリカでは上下両院が共和党多数となり、オバマ政権が試みた温室効果ガス削減やオバマ・ケア政策は切り縮められ、トランプ政権はその廃止をもくろんでいます。日本でも民主党が２００９年マニフェストに盛り込んだ年31万円のこども手当、高校無償化、７万円の最低保償年金などの政策は、いったん泡となって消えました。

いずれも、政党や社会運動レベルでマネー資本主義を超えるビジョンを共有した政治連合が形成されていなかった結果でした。

私は、地方自治の研究者ですのでこの主体形成を、ローカル（コミュニティ、集落、基礎自治体）レベルからの積み上げで、国家（ナショナル）、世界（グローバル）レベルへと積み重なる、多層的な民主主義の運動だと考えてきました。労働組合も、シールズのような市民運動も、集落共同体も、この多層的民主主義の一部をなして連携することで、はじめて資本主義以後の社会を構想するイマジネーションと運動のエネルギーをもった主体へ合流するのだと思うのです。アメリカ大統領選挙でサンダースを押し上げたのも、彼のブログに示された政策に共鳴した無党派の若者たちでした。サンダースの主張が、ネットによるクラウド・ファンディング（集団資金集め運動）を呼び起こしたのです。

日本でもアメリカでも、ヨーロッパにおいてさえ、資本主義以後へのイマジネーションを共有する政治連合の姿はまだはっきりとはみえません。しかし、シールズやサンダース現象はいったんきっかけができれば、そうした勢力が雪だるまのように形を成していく可能性を感じさせます。

私たちはいま、こういう歴史的地点に立っているのではないでしょうか。

# 第2章　地方自治の再発見

## ——社会空間スクランブルの時代——

### はじめに

日本国憲法は第8章（92条から95条）で、地方自治に関する規定をおいています。92条で、地方公共団体のことは地方自治の本旨に基づいて法律で定めると書いてあり、93条以下で、いわゆる住民自治と団体自治を基礎づけるシステムが略述されています。92条にいう「地方自治の本旨」が、意味のはっきりしない「不確定概念」であったため、その解釈をめぐって公法学者たちが論争を繰り広げてきました。

要するに、地域の住民やそれを代表する地方公共団体が、地域の公共的な問題について、国の法律の制約を受けながらも、自律的な統治（自治）を行う権利を持っているというのが、日本国憲法第8章の趣旨でした。同時に、住民が地方公共団体を形成し、その運営について発言・参加し、異議を申し立てる権利を持つことも、盛り込まれていました。

地方自治が憲法に明記されたことは、日本の民主主義にとって画期的なことでしたが、にもかかわらず「機関委任事務」や「国の許認可」、「3割自治」（財政の集権）など、地方自治の実質的な確立を阻む制度が相当程度修正されるには、2000年に公布された「地方分権一括法」を待たなければなりませんでした（加茂・白藤・山田編『地方自治制度改革論』自治体研究社など）。

重要なことは、これまで地方自治とは、国（主権国家）のなかで、地域の住民および彼らを代表する公共団体（自治体）が、地域の公共的な事柄について、自ら意思決定しそれを執行するという制度のことであり、あくまで住民・自治体・国の関係で成り立ったルールだったということです。もちろん今も、例えば沖縄の辺野古基地建設の問題のように、国の権限と地方の権利・権限が衝突するような事柄はたくさんありますので、住民・自治体・国関係での地方自治のルールはその重要さを失ってはいません。

しかし半面、第1章でも述べたように、こんにちのグローバル時代は、国の中では収まりきらない経済活動や情報ネットワークが成り立ち、国境を越えた人の動きが絶えない時代です。広井良典氏の言葉を借りれば、人間生活の空間的なユニット（単位）が、ローカル、ナショナルからグローバルの場面まで広がっているのですが、グローバルのレベルには世界政府のような確かな公共システムはできていません。

ＥＵは、国家の上に新しい公共システムをつくろうとした実験でしたが、単一の通貨主権をつくろうとして、国や地域の間に亀裂を生じました。他方、ＥＵから離脱したイギリスでは、離脱反対の意見が強かったスコットランドで、住民投票でイギリス（連合王国）から独立しようという動きが強まっているようです。このスコットランドの動きは、「地方自治」という言葉で表せるものなのでしょうか（スコットランド独立運動と地方分権改革については、自治分権ジャーナリストの会編『英国の地方分権改革』日本評論社、参照）。

日本の沖縄でも、那覇の大きな書店に行くと本土ではお目にかからない、「琉球独立論」の本が見つかります。在日米軍基地の大半を押し付けられ、住民生活や美しい環境を脅かされている沖縄が、日本から独立すると言い出しても不思議ではありません。知事の公有水面埋め立て承認権限や辺野古基地反対の市民投票は、「地方自治」の表現ですが、琉球諸島の独立は、従来の地方自治の範疇を越えます。しかし現実にスコットランドのように、より強い自治・自立を求めようとする思想が、沖縄でも小さいながらも消えてはいないのです。

旧民主党は、政権獲得前後に「地域主権」を政策に掲げました。これまでは　地方自治はあくまで国家主権に従属するものというイメージでしたので、民主党政権は、たんなる「地方自治」でなく、もっと自立性の強い地域づくりという理念を表現しようとしたのかもしれません。しかし、地域が主権を持つという考え方は、国家主権という近代的な法や政治の原理とは整合しなかったため、この言葉自体が誤りだと批判されました。ある地域がこれまで属していた国家から独立するのであれば、その地域は、どんなに規模は小さくても主権を持った国家になる。既存の国家のなかで自律性を強めることは、「地方自治」であって地域主権ではないというのが近代国家論的な考え方だったわけです。民主党は、近代的な地方自治や地方分権という言葉では表現できない地方・地域の自立性をイメージしていたのかもしれません。しかし、地方分権についての政策が語られただけで「地域主権」論は、その意味がわからないまま、民主党政権の崩壊、党自体の解体とともに、雲散霧消してしまいました

21世紀に入って、世界中で人間が暮らす社会空間が国境を越えて広がったり、これまで国の中にあった地域が分離・独立したり、州のような準国家団体ができて連邦制になったり、コミュニティのレベルに集落・地区計画をつくる権限をもった「区」ができたりするような動きが起こっています。つまり公共空間のスケールが大きくなり小さくなり、新しい地域単位ができたり古い区域が消滅したりする動きです。地理学や社会学では、これを「リスケーリング」（スケールの再編成）とよんでいます。「社会空間のスクランブル」（錯綜）といってもよ

いかもしれません。

そういう時代ですので、「地方自治」も、住民・自治体・国家の関係という枠組みの中だけでは考えられなくなってきている可能性があります。この意味で21世紀は、「地方自治」という概念を再発見・再定義し、「大文字の地方自治」を構想しなければならない時代なのかもしれないという気がします。

この章ではこうした問題について考えてみたと思います。

## 政治・行政区域の再編成

20世紀末から21世紀にかけて、多くの国で地方自治制度とくに自治の空間的な単位・区域を再編成する動きがはじまりました。今から考えると、１９６０～70年代にヨーロッパの多くの国で起こった基礎自治体（市町村・コミューン）の合併が、そのはしりだったのかもしれません。従来、自治体の区域の変更は、それぞれの国ごとに、しかも個別ケースごとに論じられることが多く、統一的な尺度や基準で議論されることはあまりなかったため、法則的な知識はあまり蓄積されていません。しかし、１９６０年代～70年代にヨーロッパで自治体再編成がおこなわれ、21世紀に入ってこうした動きが再燃しているため、「区域」「社会空間」の問題は、地方自治制度をめぐる重要な争点になってきました。

地域統治・自治の区域に対する住民の認識や感覚は、国ごとの地理・地形・風土や歴史、政治的伝統などによって大きなばらつきがあります。政治行政区画＝統治空間が、たんに地域の行政的な区画（「行政体」）としてプラグマティックに受け止められている場合もあれば、歴史的に形成された住民の共同生活の単位、アイデンティティの拠り所（「自然村」）として価値的・心情的に意味付けされるケースもあります。

しかし、いずれにしてもそれが地域における住民の日常生活の空間的なまとまりをつくってきた以上、自治区域の再編成は、大なり小なり住民の生活に混乱や動揺をもたらします。つまり、自治区域の再編成は、人間活動の空間・場における秩序づくり・ガバナンスのあり方を変化させるのだと思います。そのため、自治体の区域再編成は、地域の政治・行政をめぐる大きな争点となったことが多かったのでしょう。

## 区域改革の2潮流——20世紀後半の時代

20世紀後半という時代は、この地域ガバナンス・自治区域の変化が大きくクローズアップされた時代でした。

この半世紀を前後期に分けて考えてみると、その前半期（日本でいう高度成長時代）は、先進諸国で都市化が急速に進展し、交通通信手段の発達が目覚しく進み、地域的な公共サービスも増大した時代でした。住民の生活行動・生活圏が拡散し、地域空間における人口の増減も激しくなりました。当然の結果として、地域における政治・行政（自治）の空間的な単位も変化せざるを得なくなり、自治体区域の再編成への誘因が増大しました。それが１９５０年代以降に生じた自治体の統合・合併の背景だったといえます。

20世紀後半の後期（石油ショック以降）は、工業化に行き詰まりが生じ、経済成長もペースダウンして財政資源が制約され、都市化にブレーキがかかり、福祉国家的な公共部門の抑制・縮小が始まりました。また、経済のボーダレス化やＩＣＴ（情報通信技術）の革新、航空輸送の革命などによって、グローバル化が進展し、人の移動、行動圏の拡大、世界各地のつながりが進みました。さらに、先進国では、人口が膨張から減少・少子高齢化に転じ、都市では空洞化、地方では過疎化もはじまったのでした。

地理的「区域」で明確に区切れない、人や経済や情報の動き、人口増や経済成長のスローダウンによる社会資源の制約、さらに社会の成熟化や高齢化・環境破壊などに伴う公共機能への需要の増大などが、地域的な政治・行政組織の役割、区画などの再編成を呼び起こしました。さらに、地方分権や市民参加の進展、地域の文化や個性回復と自己決定への関心が高まったのもこの時期であり、住民に身近な生活圏でも空間・区域のあり方に変化が起こりました。

こうしたさまざまな新しい社会変化の中で「地方自治」の制度やその空間的単位の変容が、世界中で進みはじめたのです。

自治体の区域改革の研究者であるフィンランド、タンペレ大学のアルト・ハヴェリ教授らは、次のように述べています。

「地方政府の境界と適切な規模の問題は、多くのOECD諸国で継続的な関心事となっている。すでに1960年代から70年代にかけて福祉国家の拡大という文脈で区域改革をめぐる多くの論議が行われた。1990年代初頭以来、この争点は人口変化および財政的な圧力との関連で再び議論の種になり始めた」（アルト・ハヴェリ／エリサ・ラーマネン論文「拡大する課題・失われる資源と地方自治の将来」2005年）。

ハヴェリは、区域改革には区域の統合・合併＝大規模化と、大きな自治体の分割や小規模自治体の設置という2つの流れがあると指摘していました。

この自治区域の統合・拡大と分割・縮小の並行的進展は、都市化、グローバル化、人口の高齢化、高度情報化などの趨勢《すうせい》に対する政策的な反応の結果でした。これに伴って政治の分野でも学問の分野でも、「統合主義」と「分裂容認主義」という考え方の分岐がおこっているとハヴェリは述べています。「統合主義」は、自治体合併が規模の利益や地域的な資源確保を可能にし、自治体行政の効率化や自立化をもたらすと考えます。これに対して「分裂容認主義」は、分散的な構造のほうが住民に居住地選択の機会をあたえ、多様な自治体が競争する「公共市場」を提供し、市民参加や地域デモクラシーを可能にするといいます。

このように、区域改革の波とこれをめぐる考え方の違いは、20世紀後半から21世紀初頭にかけての地方自治をめぐるクロス・ナショナル（複数の国にまたがる）争点になってきたのです。

**表1**は、20世紀後半の約40年における、自治体の規模の変化を比較したものです。

見ていただけばわかるように、

表1　OECD諸国の統治空間の変化 1950〜1992

| | 国名 | 統治の層 | 基礎自治体数の増減率 | 自治体規模の変化 |
|---|---|---|---|---|
| 単一国家 | スウエーデン | 2 | −87.5% | ↑拡大 |
| | 韓国 | 2 | −83.4% | |
| | イギリス | 1 or 2 | −82.6% | |
| | デンマーク | 2 | −80.2% | |
| | 日本 | 2 | −69.0% | |
| | ノルウェー | 2 | −42.0% | |
| | オランダ | 2 | −36.3% | |
| | フィンランド | 1 | −15.9% | |
| | スペイン | 3 | −12.3% | |
| | フランス | 3 | −5.3% | |
| | ポルトガル | 1 | 0.7% | |
| | イタリア | 3 | 4.1% | ↓縮小 |
| 連邦国家 | オーストラリア | 2 | −42.5% | ↑拡大 |
| | ベルギー | 3 | −77.9% | |
| | ドイツ | 3 | −66.7% | |
| | スイス | 2 | −2.5% | |
| | アメリカ | 3 | 15.1% | ↓縮小 |

出典）柏原誠「国際的な地方自治制度の改革動向」加茂利男編『「構造改革」と自治体再編』自治体研究社などから一部データを更新して作成。
出所）『日本型地方自治改革と道州制』自治体研究社、43頁。

単一国家、連邦国家を問わず、基礎的自治体の数が大きく減少した国と、減少していないか
または増加している国という2つのグループがあることがわかります。自治体数が減少して
いる国は、いいかえれば、自治体の人口規模、区域が大きくなっている国であり、減ってい
ない自治体は、人口・区域の規模が大きくなっていないことを意味します。すでに20世紀の
後半期に自治体の区域や人口規模の上で、ハヴェリがいう2つの対照的な変化が起こってい
たことがわかります。

21世紀の政治・行政区域改革の先頭を切ったのは、日本の平成市町村合併でした。この改
革については、自治体の現場でも地方自治研究の世界でも、議論がまきおこりました。私は、
この区域改革の性格や問題点を考えるために、ハヴェリが言及していた同時期のヨーロッパ
の動向と比較してみようと考え、大学の同僚たちとともに、2003年から数年にわたって、
ヨーロッパの何か国かの調査を試みました。

以下、われわれの調査の概要を紹介します(加茂・稲継・永井編『自治体連携の国際比較』ミネ
ルヴァ書房)。

## 合併・統合型改革――日本・デンマーク

この調査を通して21世紀の自治区域改革には、３つのパターンがあることがわかりました。第１のタイプは、「合併・統合型」改革です。

「合併・統合型」改革の代表例は、日本の「平成の大合併」です。

１９９９年、連立与党と政府が、当時約３２００あった市町村を将来は３００、当面は１０００に再編する方針を打ち出しました。これを受けて、合併自治体への地方交付税の算定替えや合併特例債など、財政上の合併支援措置を盛り込んだ市町村合併特例法の改正が行われたのがことの始まりでした。それから10年余りの間に市町村数は、約１７５０（２０１０年2月時点）まで減少しました。目標である１０００には達しませんでしたが、半面、市町村数の減少率は45％を超え、日本の行政区域図は大きく描きかえられたのです。

この合併政策を打ち出すにあたって、政府は次のような合併の論理を打ち出しました。自治体の住民一人当たり財政支出は、人口規模が大きくなるほど少なくてすむ。したがって、自治体の区域は、交通通信手段の発達に応じて規模の利益を実現するために、次第に拡大すべきものである。とくにこの時代は、政府・自治体は世界最悪の政府債務をかかえながら、地域公共サービスの需要の増大に直面している。従来の自治体区画は流動化しており、人口は減少に転じようとしている。こうした変化に対応するには、自治体の区域を統合・広域化し、市町村の仕事も総合化するのがよい（詳しくは、加茂利男『地方自治・未来への選択』自治体研究社）。

これを制度論に置きなおすと、自治体の空間・区域の広域化、人口規模の大規模化、つまり、市町村の合併や広域自治体としての道州制の創設などを進め、自治体の仕事は総合性を保ちながら縮小するのがよい、ということになります。あるいはＩＣＴ技術を使って、窓口事務などは役所に行かなくても自治体のサービスを受けられるようにすることもできる。そうすることで自治体は、住民に対する地域での公共サービスを「総合的」に提供することができるというのです。

日本におけるもっとも極端な合併・統合事例としては、面積２０００平方キロメートルをはるかに超え、香川・大阪・東京などの都府県域より広い基礎自治体である岐阜県高山市の誕生などがあげられます。皮膚感覚でその広さを感じ、地域のまとまりを感じられない基礎的自治体が姿を現したのです。つまり、人口規模を大きくしたら、空間規模もとてつもなく大きくなってしまったということです。果たして府県並みの広さを持つ自治体が、身近な基礎的自治体にふさわしい公共サービスを供給しうるものかどうか、自治体関係者が疑問を持ったのは当然でした。

「合併しない宣言」をする町村、住民投票で合併を否決する町村が続出し、強制的な合併に反対する運動が全国に広がりました。全国町村会は、半ば強制的な合併の推進に反対しましたが、それとは別に、小規模な自治体の関係者が全国から集まって、２００３年2月、「全国小さくても輝く自治体フォーラム」を長野県栄《さかえ》村で開催するという新しい動きも加わり、合併問題は大きな政治的争点になりました。

市町村数の３２００から１７５０への減少は、合併を進めようとする政府・与党とそれに反対する自治体、特に小規模な町村との7年に上る綱引きの結果でした。

自治体の「合併・統合型」改革は、ヨーロッパでも起こっています。もっとも端的な例は、デンマークの地方自治構造改革でした。

デンマークでは、１９７０年代の自治体合併以後、80年代～90年代には地方分権改革を実施し分権的福祉国家の形成を図ってきましたが、２００１年に誕生した自由党・保守党連立政権（A・F・ラスムッセン首相）のもとで、２００４年に政府与党と人民党の構造改革に関する合意がまとまり、２００５年に関連法案が議会を通過し、２００７年から新システムに移行しました。

構造改革の主な内容は、

①従来の13県、２７１コミューンを、５広域圏、98市に再編成する。

②「構造改革に関する合意」に加わった政党は、市の人口規模を3万人以上にすることを目指すよう自治体に勧告する。人口2万人以下の市は他の自治体との合併によって2万人以上となるか、または隣接自治体と人口3万人以上を単位とする自発的な行政協力を実施するものとする。

③新しい自治体の構成・規模に応じて、公共事務の再配分を行う。地方分権の原則にのっとって市への事務移譲を進め、政策決定を住民に近づけ、地域民主主義の向上をはかる、などでした。

2004年から2006年にかけて、政党や地方団体、自治体などの間で交渉が行われ、改革が実施されました。

この改革は、「規模の利益」による自治体の機能強化・効率化を目指した改革であった点では、日本の「平成の合併」と共通していましたが、福祉国家の安定化という共通の課題認識が各政党・団体に共有されていたことで、改革過程が穏和なものになった点では、「平成の改革」とは様相がだいぶ違っていました。

改革の内容も合併・統合型改革ではありましたが、改革が目指した市の人口規模は人口3万人、少なくとも2万人であり、2万人以下の自治体には行政協力（自治体間連携）という選択肢が残されました。3万人というのは、行政効率と地域民主主義の要請を勘案した規模だったといわれます。

## 自立・連合型改革――フランス

これに対してフランス、スイス、イタリアなど南欧諸国では、自治体の合併・統合はあまり進まず、フランスでは今日でも、「ナポレオン時代以来」ともいわれるほど多くの、小規模なコミューンが維持されています。北中欧型と南欧型の分岐がはっきりあらわれたのです。

じつのところ、フランスでも第五共和制が成立した１９５０年代の終わりごろから、経済成長とともに都市化や福祉国家化が進み、生活圏・行政圏が広がったため、中央政府は、北欧諸国と同じように、自治体の合併を実施しようと国会や自治体に対する働きかけを行いました。しかし、フランス国民の間では、コミューンに対する愛着が強く、国会議員にはフランス特有の公職兼任制のためにコミューン議会の議員を兼ねている政治家が多く、コミューンの意向が国会に直接反映される傾向が強かったため、合併政策は北欧のようには進みませんでした。

１９７１年、コミューン合併を可能にする法案が国会に提出されました。マルスラン法と呼ばれるこの法案は成立しましたが、コミューン合併は実際にはほとんど進みませんでした。

国は3600件あまりの合併を提案したのですが、実現した合併の件数は800件あまりにとどまったのです。

中央政府が社会党政権に変わった1980年代には、大掛かりな地方分権改革が行われましたが、コミューンの合併政策はとられませんでした。合併の代わりに進められたのは、コミューンの連合による広域・大規模サービスの供給システムでした。フランスの行政学者は、「自治体の合併は、フランスにおいてはつねに政治的に微妙な問題であり、中央政府はコミューンの数を減らそうとする試みにおいて一貫して失敗を続けてきた。このため、この自治体の断片化を緩和するために、とくに水道、廃棄物処理、公共交通などの財やサービスの供給において、別の形をとった自治体間の協力が追求されてきた」といっています（ボラーズ／ルガーレス「自治体間革命」B・デンターズ／L・E・ローズ編『比較地方自治』。原著は英語）。

大都市圏では、小規模コミューンの乱立で広域的な都市政策やインフラ整備ができなくなったため、すでに1966年に合併に代わる広域・大規模事務の共同化の制度として「大都市圏共同体」が創設されていました。そして社会党が政権をとった1980～90年代には、分権改革によって拡充されたコミューンの事務権限と事務実施能力の乖離を是正するため、大都市圏以外の地域でも、「コミューン共同体」「都市圏共同体」という、コミューン間広域公施設法人（コミューン連合）が設けられました。「大都市圏共同体」を含め、この3種のコミューン連合は、２００４年時点で総人口の６分の５近くをカバーするほどに広がり、その後すべてのコミューンが、いずれかのコミューン連合に加わることがルール化されました。ボラーズ／ルガーレスは、こうした動きを踏まえて、フランスの地方自治には「自治体間革命」が起こっているとしたのです。「経済開発、計画、公的住宅、環境保全などといった主要な政策領域は、コミューン間政府の責任領域となっている」というのです（ボラーズ／ルガーレス、前掲論文）。

日本の「平成の合併」のキーワードが、「規模」と「効率」だったとすれば、フランス地方自治のキーワードは、「プロクシミテ」（近接性）でした。自治体国際化協会の報告書『フランスにおける基礎自治体運営実態調査』（２００８年）は、住民にとっての「理想的」なコミューンについて２００１年に実施された世論調査で、「理想的なコミューンは人口５０００人未満である」と答えた人の割合が45％で、人口10万人のコミューンの方が良いと回答した人は、わずか５％に過ぎなかったことを紹介して「フランス人のコミューンへの愛着」が強いことを強調しています（同報告書、44頁）。

「ヨーロッパ地域・地方自治憲章」（85年６月27日採択、88年９月１日発効）では、公共サービスは住民にもっとも身近な公共団体が優先的に提供し、そこでできないことは国や広域団体が補完するという「近接性」と「補完性」の原則を取っています。とくにフランスでは、国民の間にこの近接性を重視する考え方が強いのです。フランス人の「コミューンへの愛着」というメンタリティーは、長い歴史を通じて形成されたものでしょうが、それが制度にフィードバックしたことで、北中欧型とは異なる南欧型・フランス型の自治制度が浮かび上がってきたといえるのかもしれません。

## 混成型改革——フィンランド

フィンランドは、日本とほぼ同じ面積の国土に約520万人の人が住む、分散的居住の国でしたが、先に示した**表1**にみられるように自治体は一層制であり、自治体（クンタ）数は21世紀初頭までは、それほど減少していませんでした。1960年代に大規模な自治体合併が進んだ北欧諸国の中にあって、フィンランドは小規模な自治体を維持し、広域的ないし大規模な行政需要には、事業ごとの自治体組合を組織することで対応してきました。2004年時点で自治体数は440以上あり、人口5000人以下の小規模自治体がその多数を占めていたのです。

この国でも20世紀後半以降、人口の都市への移動と高齢化が顕著になり、小規模自治体では税収が減少する一方で新しい公共サービス需要が増大し、自治体は過重負担（「オーバー・

ロード」）に直面するようになりました。それでもフィンランドの自治体は、他の北欧諸国に比べて自立性が強く、国政に対する地方の影響力も強かったため、大規模な自治体合併は起こりませんでした。いってみれば、むしろ南欧型自治体に近い伝統・歴史を背景にしていたのです。

ところが、20世紀末以降の人口の高齢化と減少は、地域の人口分布をいっそう分散的なものにし、自治体の過重負担の問題をより深刻にしました。ヘルシンキ、エスポ、タンペレなどの都市に人口が集中し、中部の湖水地方や北部のラップランドなどで過疎化が急速に進んだのです。合併が地域民主主義的にネガティブな影響をあたえやすいことも認識されてはいたのですが、小規模自治体の「オーバー・ロード」が深刻になるにつれて、この面は次第に軽視されるようになりました。

ついに2005年、フィンランド政府は、自治体の合併を含む自治体再編に関する提案（「地方政府およびサービスの再編成に関する法案」）を提示し、自治体側もこれに同意しました。提案の要点は以下のとおりでした。

①自治体は、2007年秋までに自治体間協力の増強または合併によって、そのサービス供給を将来にわたって確実なものにする計画を提示しなければならない

②自治体の構造は、合併または自治体の境界線の修正（ある自治体の一部の他自治体への編入）

によって強化されるものと考えられる。

③サービスの構造は、自治体間協力の増強によって、より広いパートナーシップ・エリアを形成することでも強化される。

④2009年までに改革の動向を確認し、その後の方針を検討する。

つまり、自治体に合併または自治体間協力の拡大によって、サービス供給能力の強化を求めるが、どの道をとるかは、自治体が自ら選択し、計画を提示することを提案したのです。その後の動きをみると、自治体の選択は次第に合併に傾きました。この意味では、フィンランドの改革も合併・統合型改革に分類するほうが実態に合っているといえるかもしれません。しかしこの国では、基礎自治体の数は、2012年までに約4分の1減っただけでした。また、デンマークの改革が自治体の人口規模の基準を設定したうえで、その基準を満たせないケースについて行政協力で事務の委託を行うというものであったのに対して、フィンランドの場合は自治体がサービス供給力を確保する計画を自主的に示し、その計画に応じて合併か自治体間協力かを選ぶという改革の枠組みをとっていて、自治体をもっぱら合併に追い込むパラダイムにはなっていません。したがって、私は「混成型改革」に分類しました。

## 区域改革のパターンと地方自治制度

3つの区域改革のパターンを踏まえたうえで、もう一度地方自治体の区域改革の動向をやや大きな枠組みで考えてみましょう。

もちろん「合併・統合改革」であろうと「自立・連合改革」であろうと、今日先進国の自治制度が直面している問題には共通性があるといえます。たとえば、日本の第27次地方制度調査会は、2003年4月の「中間報告」以来、「包括的基礎自治体」と旧市町村単位の「地域自治組織」という、基礎自治体レベルの「二層」構造をうちだしてきました。そのイメージはたしかに現実の地域公共サービスの変化の実態と重なり合っています（加茂利男『新しい地方自治制度の設計』自治体研究社、参照）。

要するに、①住民、特に高齢者や子どもなど、第一次的な生活圏を中心に暮らしている住民の暮らしをささえる公共サービス（保育・小学校・在宅介護など）は小さい「自治・公共圏」（旧町村やコミュニティ）で、②上下水道・廃棄物処理・消防・公共交通・道路など、ハードで規模の利益が働く仕事は、より大きな行政圏で処理されるようになっています。このように基礎的自治体レベルの公共サービスが「二層」になってきているのです。他の先進諸国でも、

図１　自治のモデル図

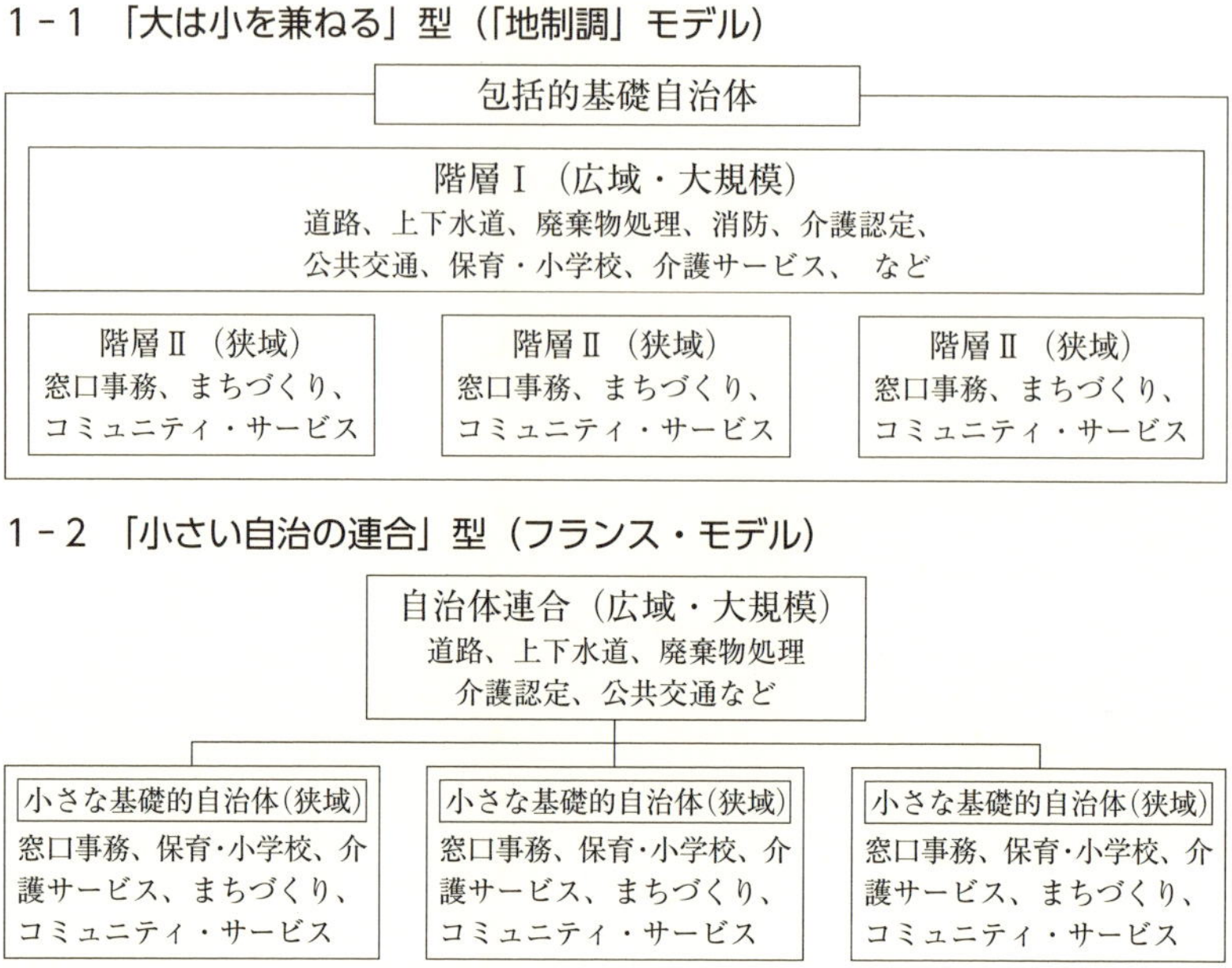

１－１　「大は小を兼ねる」型（「地制調」モデル）

１－２　「小さい自治の連合」型（フランス・モデル）

出典）『日本型地方自治改革と道州制』自治体研究社、46頁。

おおむね基礎的自治体レベルの事務は、住民生活に最も密着した事務と、規模の利益が働く広域大規模事務とに、二層化しているといえます。

　問題は、どの層の政治・行政主体を基礎的自治体と考えるかです。日本の総務省は、「一層」・「二層」を総合した「包括的基礎的自治体」を基礎自治体ととらえ、「第一層」の自治組織はそのなかの内部団体と考えているのですが、フランスでは、「一層」のコミューンが基礎で、「二層」のコミューン共同体は基礎的自治体＝コミューンの共同体・連合体として区別されています。これは、「基礎的自治体」という制度についての考え方が国によって異なることを示しています（図1）。

2つの制度を分けるのは、「規模・効率」と「近接性・アイデンティティ」という2つの要請のいずれを重視するか、また両者のバランスをどう考えるかです。もちろん、この2つの原理は、簡単にどちらかをとって他を捨てられるものではありませんから、どの国でも両者を両立させる制度を工夫しています。すでにみたように「ヨーロッパ地域・地方自治憲章」では、「近接性」と「補完性」の原則が謳《うた》われていますが、日本では最も住民に近い近接団体（「平成合併」以前の市町村、集落・区など）は、「包括的基礎自治体」に吸収してとらえられています。

広域自治体レベルでも、行政の多様化・多層化は進んでいます。日本では都道府県域を超える経済圏の形成やこれに対応する行政需要の増加に対して、「道州制」という拡大された広域地方行政制度が議論されていますが、ヨーロッパでもイタリア、フランス、スペイン、ベルギーなどで「州」「広域圏」（リージョン）の設置や統合の動きが進んできました。基礎的自治体や県などを超える広域行政への需要の高まり、地域の伝統や文化に根ざした準国家的団体の形成を示すものです。ヨーロッパの場合は、ＥＵのリージョン政策が公共サービスの供給サイドから、広域圏の形成を促している面もあります（柑本英雄

『EUのマクロ・リージョン』勁草書房、参照)。とくに経済開発に関しては、基礎的自治体を超え、県を超えた「リージョン」、「サブ・リージョン」をEU補助金の受け皿にし、広域ガバナンスの強化を推進しているといえます。

ただ、日本の道州とヨーロッパの州・リージョンが同じ層・区画といえるかどうかは、議論の余地があります。

一つは広域圏の大きさです。日本の場合、道州制が採用されるとすると、その平均人口は1000万人を超え、アメリカの580万人、ドイツの530万人など、連邦国家における州の規模をも大きく上回ります。もちろんフランス、イタリアの州(広域圏)よりも人口規模が大きく、これを「地方自治」の範疇で考えるのは大いに問題がありそうです。

もうひとつ注目すべきことは、先進諸国では連邦制の場合はもちろんですが、単一国家制でも、広域地方団体が制度化される場合、基礎的自治体・広域自治体の二層の間に自治体間連携組織や県・郡的な中間団体が置かれていることです。アメリカのカウンティー、ドイツのクライス、フランスのデパルトマンなどは、県にあたる団体であり、自治体連携組織としては、フランスのコミューン連合、イタリアのコミューン事務組合などがあります。つまり、広域圏団体が制度化されても、基礎自治体と広域団体から成る二層制ができるわけではなく、さまざまな中層団体が介在してはじめて基本的な自治の層が動けると考えられており、むしろ多層制統治の方向への改革が進んでいるのです。先の**表1**を見ていただくとフランス、イタリア、スペイン、ベルギーなどが、３層制となっていますが、いずれも州・広域圏が設けられたのは比較的近年のことです。また自治体連合は、この表には表現されていませんが、事実上「中二階」「中三階」的な公共機能を果たしているのです。

じつのところ、日本でも従来から存在した事務組合や広域連合は市町村合併で解消されそうもありません。むしろ「平成の合併」終結の後は、定住自立圏、連携中枢都市圏などの「連携」制度が重視され、政府も「地方創生」政策の受け皿として、こうした自治体連携の仕組みに力をいれています。これまでの市町村を「包括的基礎自治体」「道州」に再編成したとしても、それで明確な二層制ができるわけではないのです。ただ、こういう「中二階・中三階」的な組織・団体は、それを有効に生かすためには独自の人員や財源が必要であり、かといってあまりその機能を強くしすぎると基礎自治体の合併と同じことになってしまうというディレンマがあります。連携制度はまどろっこしいようでも、メンバー自治体の自立性を担保したうえでの柔らかい協力組織であることが望ましいのではないか、と筆者は考えています。

## もうひとつの改革デザイン

平成の市町村合併にともなう合併・統合型地方自治改革に対しては、2002年ごろから、自立・連合型改革の考え方に立ったさまざまな対案が打ち出されました。たとえば、全国町村会から出されたのが、「市町村連合」案でした。これは、フランスの制度を念頭においたものでした。市町村は、窓口事務のほか、都市計画の策定や土地利用の規制、小学校や保育所の運営、高齢者などへの介護サービスなど、住民に密着した事務を行うことで、役所の組織や歳出規模は小さくしながら、基礎的自治体としての法的地位と役割を堅持する、という考え方です。こうした「連合」案は、全国町村会だけでなく、北海道町村会、関西経済連合会などからも打ち出されました。

長野県泰阜《やすおか》村の松島貞治村長は、こういっています。

「村民にとって大事なことは、拠り所としての役場があり、村があるということではないか。与えられた仕事をこなすのではなく、地域住民にとって必要な部分を集中的に担当し、その他の仕事は役場以外でできないものだろうか、という発想である。……いままで、100の仕事をするものと考えていたから大変であって、これを70にして、残り

30は、県の補完や広域行政で乗り切ることを模索している。その具体的な方策が、全国町村会も提案した『町村連合』である」（『松島語録――地方自治は山村から考える』自治体研究社、2007年）。

この意見は、小規模自治体にも普通地方公共団体として法人格を認め、長や議員の公選制を保障し、行政組織の構造、長・議員の処遇などを組織自治権として保障したうえで、事務は主として住民近接型の事務（窓口事務＝住民把握事務、保育・小学校、介護サービス、土地利用規制など）を行う。大規模で広域的な事務は自治体連携によって、委任し補完を受けるという発想に立ったものだと思われます。

2002年に27次地方制度調査会で出された「西尾私案」のことは、よく知られています。基礎自治体の人口要件を法律で定め、これに満たない自治体は、合併するか、大きな自治体の内部団体になるか、それとも事務を減らし、議員を無報酬とするような特例的な団体にする、という案でした。これが多くの小規模自治体、町村の反発を受け、「平成の合併」をめぐる紛争が始まったのでした。

先ほどの松島村長の見解は、この「西尾私案」の特例的団体（当時は「事務配分特例方式」と呼ばれた）の考え方と微妙に似通ったもののようにも思えます。じっさい、あえて合併しなかった自治体の多くは、松島村長が述べているように、仕事を減らし人を減らすことで、自立を守る道を歩まざるを得ませんでした。次章で述べるように、こうした道を非合併自治体が選んだことで、合併した自治体よりも、合併特例債による公共事業のような財政的浪費をすることなく、自立的で効率的な自治を実現できたのです。

こうした経緯を踏まえ、「平成合併」のころの議論を改めて考えなおしながら、21世紀における「もうひとつの自治制度改革」を考えるとすれば、おおむね次のようなことになりそうに思います。

①基礎自治体レベルでは、「包括的基礎自治体」を制度の一般型とせず、「住民近接型小規模自治体」も基礎自治体として存続させ、自治体連携や府県の補完による広域サービスの供給ができる制度をつくる。

②府県は原則として廃止せず、府県を越える広域行政体をつくる場合も、広域連合などの運用を考える。

③州のような「サブ・ナショナル」な地域統治制度を採用する場合は、人口規模や面積だけでなく、地域の歴史や文化を重視し、たとえば沖縄などは、「州」(サブ・ナショナル)的な独自性を認め主権的な事項にも国家と協議し、参画できるようにする。

④小泉内閣時代の「三位一体改革」を見直し、交付税の総額を減らさず、財政調整・財源保障の仕組みを保持する。公共事業費の債務償還のための交付税措置などはやめる。合

併した地域の旧町村・集落や大都市の第１次生活圏に、住民参加と自治体内分権の制度を設け、近接性と効率性の両立をはかり、「生活圏の新しい公共空間」をつくる。

いずれにせよ、今日の諸々の社会変化のトレンドは、地方自治・地域ガバナンスの単位（区域・層）をますます多層・多様化させ、基礎・広域の二層制に収まりきらない、相互に部分的な機能の重なり合いを持つ多くの単位・区域・団体を、派生させる方向に向かっているというのが実態だと思います。だとすれば、こうしたトレンドに対応しうる柔軟な制度を考えるアプローチが、日本の地方自治制度改革にも求められざるを得ないのではないでしょうか。少なくとも全国一律の人口要件にもとづく市町村合併や府県の廃止・道州制の採用などは、地方自治をめぐる流動的な環境への対応をかえって困難にする可能性があるといえます。

## おわりに——グローバル化時代の「地方自治」

最後にもう一つ、21世紀の世界で地方自治を考えるにあたって考えなければならないことがあります。それは経済・社会・情報だけでなく、政治・軍事もグローバル化している今日、一国の枠内での住民—地域—国家の関係として地方自治を考えるだけで十分なのだろうかということです。つまり、グローバル時代という文脈の中で、地域の自立性のあり方を検討することが、改めて求められているのではないでしょうか。

１９９９年に地方分権一括法が成立するまでに、地方分権推進委員会は機関委任事務を廃止したうえで、旧機関委任事務を、①国の直接執行事務、②法定受託事務、③自治事務に再分類しました。この時にもっとも議論されたのは、法定受託事務が多く残され、自治事務にさえ法律をつくって国が関与できる余地が残されたことについてでした。他方、全国的にはあまり議論されませんでしたが、沖縄で注目されたのが米軍基地用地の使用に関する土地台帳の公告縦覧、土地の収用に関する代理署名などの知事の事務が、国の直接執行事務とされ、県の権限が及ばないとされたことです。これは外交・防衛・治安などの機能を国の事務とし、自治体は内政事務を行うという役割分担を明確化するという考え方が、分権改革の中に貫かれた結果だったと思われます。

しかし沖縄では、米軍基地の問題は、住民生活や地域の環境に重大な影響を及ぼす問題だったので、県や市町村の権限、発言力がなくなることには懸念があり、当時の太田昌秀知事は、地方分権推進委員会の勧告に異論を唱えました。しかし、１９９５年の「日米安保報告書」を背景に、沖縄基地の再編成・機能強化を進めていた米軍にとっても国にとっても、基地関連事務に県や市町村が権限を持ち、公告縦覧・代理署名などの事務を拒否すると、基地用地の使用権に空白ができるなどの障害が生じるため、国の直接執行事務としてしまうのが望ましかったものと思われます。

20年後の今、北朝鮮の核・ミサイル開発が大きな脅威となるなかで、辺野古海上基地やヘリパッドの建設の問題で国と沖縄県の見解が対立していますが、県や名護市、住民の意向はまったく無視され、基地機能の強化が強引にすすめられています。安全保障をめぐってこれほどの断絶・疎隔が国と地方の間にあってよいものでしょうか。

外交・防衛は国の専管事項であるという考え方の下に、地域の意見・利害が一顧《いっこ》もされなくなっているわけです。しかし、米軍基地の大半を抱え、基地公害だけでなく、いざとなれば真っ先に攻撃対象とされるかもしれない沖縄にとって、基地の問題はすべて国に任せておけるものでしょうか。

東アジアの緊張が高まっているいま、こんなことをいうのは戯言《たわごと》に聞こえるかもしれません。しかし、安保法制や集団的自衛の枠組みの下で、国家主権、および「同盟」関係を通したアメリカの影響力が一方的に強まり、基地問題で沖縄の意思が無視されている事態は、既存の「地方自治」の概念では解決できない問題なのかもしれません。宮本憲一氏、久場政彦氏や連合沖縄などがかねて提案していたように、沖縄が辿った歴史的な経路を考えると、一般の県制を超えた準国家的な自治権をもった団体にし、外交・防衛などの国家的事項についても国と協議し、参画できるような法的地位が、認められてしかるべきではないでしょうか

（宮本憲一・佐々木雅幸編『沖縄・21世紀への挑戦』岩波書店を参照）。

常識的には、安保・防衛に関する権限に自治体を参与させることは、意思決定や行動の主体を増やすことで、安全保障を混乱させると考えられるかも知れません。軍事に関連する意思決定や行政執行は、民主的な討論や協議になじまず、集中的な決定・指揮命令を前提に初めて成り立つというのが、これまでの通念でした。

カントの『永遠平和のために』（邦訳、岩波文庫）は、次のように言っていました。

国家が常備軍や軍備を持つかぎり、他国の軍事力を恐れ、それに負けないように軍事力を増強する。そのあげく、やがて保有する軍備・軍事費の重荷に耐えられなくなって、じっさいに戦争を始める。したがって軍隊や軍備は持たない方がよく、権力者たちに軍事力の増強ゲームをさせないためには、民主的なコントロールが必要だ。

軍隊も軍備もない世界とか、軍事における民主主義というカントの考え方は、国際政治や軍事の分野ではユートピア的な理想論だと考えられています。

しかし、第2次大戦後の軍拡競争は、核保有国同士が核戦争の恐怖から、お互いに敵を絶滅させることのできる核戦力を持って相手を人質に取りあうことで、戦争を抑止するという「核抑止」の論理にもとづいて展開され、１９８０年代には「先制核攻撃」の可能性さえ生まれて、世界を恐怖に陥れました。旧ソ連の崩壊の一因は軍拡競争の負担に耐えられなくなったことだとも言われます。このように、核戦争の恐怖は現実的なものになったのであり、いまその核軍拡競争に北朝鮮が加わったことで、「何が起こるかわからない時代」を現出させているのです。北朝鮮でこれだけ民生を軽視した軍拡が行えるのは、民主主義が機能していないからでしょう。こう考えれば、カントの理論は、恐ろしいほどのリアリティを持っているようにも感じられます。

グローバル化時代・核時代にふさわしい外交や安全保障のシステムをつくることが、いま求められているのだと思います。それは、軍拡を防ぐ国際環境づくりや核軍縮への協力と併せて、地域的な準国家団体や地方自治体が、国の主権の領域にも日常的な発言力を持ち、国をチェックできるようなシステムではないかと思います。

戦争を地域レベルから防止し、平和づくり（ピースメーキング）や経済・文化交流を行うことも、自治体外交・都市外交として重視されるようになりました。世界的には国際地方自治体協会（ＩＵＲＡ、本部はブリュッセル）などが、地方自治と平和や環境保全などのために活動していますし、アジアにも環黄海経済圏都市会議（青島、天津、大連、仁川、釜山、福岡、長崎など）がつくられて、地域・民間レベルや自治体レベルの協力関係を強めています。広島・長崎から始まった非核宣言都市の活動の積み重ねは、ついにアメリカ大統領の広島訪問を実現させました。これらは外交・国際関係を国だけが行っていたのでは実現できなかったことです。舛添前東京都知事のゴージャスな「都市外交」で、言葉の値打ちが下がりましたが、「都市外交」自体は、21世紀地方自治の新しい領域だと思います（日本都市センター『都市外交』）。「地方自治の再発見」という言葉をあえて使ったのは、このように地域・地方が20世紀に持っていた地位・役割を、国境を越えたものへ膨らませ、国際関係に影響を及ぼしうる可能性を考えることが必要だと思うからです。（以上については、加茂「沖縄・自治モデルの選択」宮本・佐々木編、前掲書所収、参照）

# 第3章　「平成の大合併」の検証

## はじめに

この章は、第2章の補論として読んでいただけると幸いです。第2章では、合併・統合型の区域改革としての「平成の合併」について書きました。この改革についての評価は、論点が多岐にわたり総括の条件が本当に成熟するにはまだ時間がかかるでしょうが、日本の地方自治史のなかでも非常に重要な改革ですので、合併が一段落してから約10年経った時点での暫定的な評価を、この章で試みておきたいと思います。なお、本章は、2014年に「全国小さくても輝く自治体フォーラムの会」が行った「『平成の大合併』と『フォーラムの会』」

というシンポジウムで、私が行った報告を修正・再録したものです。このシンポジウムの記録は、フォーラムの会・自治体問題研究所編『小さい自治体・輝く自治』（自治体研究社）に収められています。

市町村合併の影響は、時間や空間ではっきり区切れず、ずっと後の時代になって見えてきたりする影響もあると思われます。したがって、一気に総括というより、逐次検証作業を積み重ねていくのがいいのだろうと思います。そう考えたとき、「合併開始後15年」は、検証の重要なタイミングでした。

1999年の合併特例法が定めた財政上の特例措置の期間（経過期間10年＋激変緩和期間5年）が2014年で終了し、経過措置の効果が失われた時点での合併の行財政的な結末が姿をみせるからです。

じっさい「15年」を前にして、合併の結末についていろいろな議論が起こりました。たとえば日本政策投資銀行は、2013年にレポートを出して、地方交付税の経過的な合併算定替え（合併自治体への交付税の配分を合併後10年は、合併前にあった自治体数をもとに算定する）による増加額は、合併市町村の総計で普通交付税額の5・7％に達したと試算しました（政策投資銀行報告書「合併市町村が直面する財政上の課題―失われる交付税9千億円、迫りくる公共施設老朽化」）。つまり経過期間が終了すると、激変緩和期間5年をおいて自治体数1として算定する（一本算定）ため、平均５・７％交付税の配分額が減るわけです。

新潟、広島、長崎など合併が多かった地域や、人口規模が小さく旧市町村の数が多いほど、算定替え終了の影響は大きくなるのは当然ですが、とくに新潟県佐渡市などは経常一般財源に占める算定替え増加額（一本算定による減少額）は20％を超えるという試算が示されています。合併に伴う財政特例措置に対する誤解や過大な幻想に基づいて合併した自治体が、特例期間の終了に伴って、大きな財政困難に陥ろうとしている典型的事例といえます。

政策投資銀行報告書は、平成合併の政策に従って合併を選択した市町村が、交付税算定替えや合併特例事業債によって合併自治体の財政規律が失われ、歳出が膨張したまま特例期間の終了を迎えることになったために、合併後遺症としての財政窮迫が生じ、今後社会資本の維持管理もろくに出来なくなっていると警鐘を鳴らしました。

これにたいして政府は、２０１３年度末、交付税算定の見直しとして、合併自治体の支所経費の加算や人口密度による需要の割り増しなど、算定替え終了の影響の緩和策を講じました。それでも合併自治体の間には、合併政策に従ったのにかえって「割を食った」「だまされた」という不信感や失望感が広がっていることは否めません。

もちろん、非合併自治体は困っていないかというとそんなことはありません。算定替えも特例債もなく、しかも普通交付税が三位一体改革などで減額され、予算規模が20％、30％減少し、職員数も3割以上減ったところが珍しくありません。ただ、合併しなかったために特例措置に期待することなく、歳出削減をはかったために、急激な財政窮迫にはならないですんでいるということです。

それにしても合併自治体で、特例期間中に財政規模を大きくしてしまったところが、今後交付税一本算定への移行・特例債の償還期を迎えて財政困難を迎えることになると、財政破たんに陥る自治体が出てくる可能性がないとは言えません。

## 「平成の合併」の結果をめぐる主な議論

これまでに「平成の合併」の結果や影響について、多くの団体や研究者、メディアが検証を試みてきました。その主なものを概観しておきます。

### (1) 2008年総務省・町村会調査

出発点になったのは、2008年に出た総務省「市町村合併研究会」の「『平成の合併』の評価・検証・分析」、及び全国町村会の調査「『平成の合併』をめぐる実態と評価」でした。

2つの調査は、それぞれの立場や調査の方法の違いから、大きく異なる見解を打ち出していましたが、どちらの調査も、いわゆる「合併のメリット」としては、合併がもたらした「規模の利益」で、外見的に住民一人当たりの財政支出が減少し、財政力指数が改善されたことなどを指摘していました。ところが、では合併自治体に財政の余裕が生まれたかというと、そうではなく、合併自治体の経常収支比率が合併前に比べて改善されていなかったことも、２つの調査の双方で示されていました。

見方が食い違ったのは、総務省研究会の調査が、合併市町村では非合併市町村に比べて高齢者比率が低くなり、合併前に比べて企画・財政、保健福祉、産業、都市計画、環境衛生などの行政分野に専門的な職員を増やすことができたことなど、行財政基盤の強化が得られたことを強調したのに対し、町村会の調査は合併自治体の財政状態が想定していたよりも悪くなり、「周辺地域の衰退」「行政と住民との距離感の増大」などの「マイナス効果」が強く感じられていることを明らかにしていたことです。

いずれにせよ、合併がすぐれて財政的理由から行われたにもかかわらず、合併自治体でも行財政の厳しさは緩和されたわけではなかったのです。佐渡市の例は、その極端なあらわれでした。合併自治体の財政状況が改善されなかったのは、２００４年の「三位一体改革」で交付税が一気に12・９％削減されたことなどの影響が大きかったとおもわれます。

合併した自治体は、当然、合併すれば財政的特例措置で、財政の困難が緩和されると期待していました。交付税算定替えを交付税配分額の保障だと誤解していた自治体さえありました。そういう幻想をひきずって合併が行われたのですから、「騙された」という思いが合併自治体に生まれるのは、無理もありません。

### (2) 総務省「『平成の合併』について」(2010年)

平成の合併の収束を打ち出した第29次地方制度調査会の答申(2009年)を受けて、総務省も町村会も合併の影響や効果を総括する調査結果を改めて発表しました。

総務省は、同調査会の答申に基づき、合併政策が「一区切り」したなかで、「『平成の合併』について」という報告書を出しました。そのなかで地方団体や行政のアンケート、新聞の世論調査などの結果を整理し、合併についての評価が、肯定的意見・否定的意見に大きく分かれているが、住民の評価は「相対的には合併に否定的な評価がなされている」としていました。

たとえば、読売新聞の調査で、「住民へのサービスが良くなったか」という問いに、「よくなった」は25%、「よくなったとは言えない」が63%でした。朝日新聞の調査では、「合併はよかったか」という問いに「よかった」が42%、「悪かった」が34%だったといいます。愛媛新聞調査では、「よかった」24%、「悪かった」22%、「どちらともいえない」49%、香川県の調査では、「よかった」24％、「悪かった」28％でした。

こうした結果に対して、総務省は、「合併の効果が出るにはまだ早い」としながら、「行政サービスの専門化・高度化」、「広域的地域づくり」、「歳出削減効果」があったことは事実だと説明しています。また合併の問題点とされる「役場が遠くなって不便」「中心部と周辺の距離」「住民の声が届きにくい」「サービスの低下」「地域の歴史文化の喪失」などについては、それぞれ「総合支所などの整備」「広域施設の配置均衡」「地域自治組織」「地域文化の保存・伝承・相互理解のための政策」などをあげて、これからの課題だとしています。

## ⑶　全国町村会「『平成の合併』の終わりと町村のこれから」（２０１０年）

全国町村会も「道州制と町村に関する研究会」の名で「『平成の合併』の終わりと町村のこれから」という報告書（２０１０年）を発表しました。

これに先立って町村会は、小規模町村が、第27次地方制度調査会のいう「総合的行政主体」としての基礎自治体にはなれないという政府の考え方に対して、事実を踏まえて対応すべきだと考え、２００８～９年に2町１村を現地調査しました。その結果、町村に義務付けられている事務のほとんどは小規模町村でも処理できるという観察をしています。この結果を踏まえて、市町村への事務の義務付けの一部見直しや都道府県による補完を29次地方制度調査会に提案したのです。

これに次いで、地方制度調査会の答申を受けて「基礎自治体」の事務のあり方、小規模自治体の持続可能性や課題、とくに小規模町村の事務体制の強化や周辺市町村との連携、都道府県の補完などについて、全町村調査を実施しました。

全体として、「平成の合併」終結後、残った町村のうち調査に回答した947町村については、今後の自治体運営の方向を聞くと、一部に合併への指向は残っているものの大半（76％）が「単独で」行くと考えています。合併熱は覚め、平熱が戻ってきたかのようです。町村の人口規模をみると1万人以下が48％以上あります。市町村全体では、1万人以下が3分の1以下に激減したことになっていますが、町村レベルでみれば、1万人以下の自治体の解消とはなっていません。

このように小規模町村が相当な割合で残った中で、事務処理体制について広域連携が広がっています。そして大半の町村は現在の体制を充実し広域連携をつよめれば、事務処理にあまり問題はない、と感じているという結果が示されています。

平成合併推進の最大の論拠は、「専門職員の確保が小規模町村では難しい」ということでしたが、町村アンケートでは、専門職員が確保できないためサービス供給が困難という町村・サービス分野は、意外に多くないことも分かっています。また事務処理に都道府県の補完が必要だとされる分野は、国保・介護保険・後期高齢者医療などの、福祉医療に関する保険者事務ですが、こうした分野はむしろ新しい府県事務とするのがふさわしいという意見も出ています。

小規模町村の事務配分を一部見直し、都道府県が補完・代行する場合、そのことで基礎自治体の位置や性格が変わるのではないか、という疑問が浮上しますが、町村の多くは事務配分の特例と考えられるべきだという見解です。小規模町村を含め、基礎自治体を担い手とする地方自治の持続性を感じる意見が町村の大半を占めており、したがって道州制の導入には町村は消極的です。

### ⑷　東京都市研究所報告書（２０１３年）

後藤・安田記念東京都市研究所〈旧東京市政調査会〉の『平成の市町村合併の影響に関する総合的研究』（２０１３年）では、合併の過程、行政体制や自治体レベルの分権・自治・参加・自治体財政などにどんな影響を残したかなどが、全数データやケーススタディを交えて検証されています。

行政組織・体制に関しては、公務員数は合併自治体、非合併自治体とも、急速に減少しましたが、非合併市町村のほうが減少数は大きかったとされます。合併自治体では２００６年までは増加し、それ以降減少数が大きくなっています。27次地方制度調査会などが、合併しても支所・出張所などを設けて地域ごとに住民参加を図り、きめ細かいサービスを維持する方針を示した結果、当初は合併自治体の職員数を減らせなかったのですが、やがて合併のもう一つの眼目であった専門職員の確保が重視されるようになったため、支所等の職員数が削減されていったといいます。

結果的に支所そのものは維持されたが、課などの組織の整理が急速に進んだようです。それでも総公務員数の減少は、非合併自治体のほうが多く、非合併自治体が自治体としての存立を守るため、大幅なポスト・人員の削減に努めたことがわかります。

分権・自治・参加についてみると、地域自治区・合併特例区などが設置され、合併による旧市町村の団体自治を補てんする制度とされましたが、総職員数の減少のなかで専門化を図るために支所の組織（課数）が削減された結果、旧町村単位の行政サービスを保持する体制は失われたとされます。レポートは、合併後における旧町村単位の団体自治の縮小は、合併の必然的結果であったとし、合併自治体における分権は、「合併を実現するための方策」であり、行政的自治が縮小されると参加のインセンティブも失われていくしかなかったのだと述べています。

同レポートは、規模の利益を生み、財政効率を高めるというのが合併の一つの有力な論拠であったため、２００９年時点で１８００の市区町村の財政状況を調査しています。一人当たり行政費用と人口規模を基準に分析したところ、合併自治体よりも非合併自治体のほうが、財政効率が高まっていたことがわかりました。いうまでもなく、合併自治体は合併特例債事業によって財政規模を増大させたためです。また、もともと非効率であった小規模自治体が、むりやり多数合併した例が多かったことも、合併自治体で財政効率が上がらなかった理由かもしれません。

同レポートは、結論として、「合併によってもたらされるメリットや期待は手薄になり、「行財政改革」の効果だけが鮮明に残った。まさしく「『究極の行財政改革』が自己目的化した現代日本の行財政運営の姿が浮かび上がった」としています。

### (5) 日本村落社会研究会報告書（２０１３年）

日本村落社会研究学会・佐藤康行編『検証・平成の大合併と農山村』という報告書（２０１３年、農文協）も出ています。

これは日本の政治や社会の動向を背景において、歴史的・包括的な視点から行われた研究といえます。

福島大学の今井照氏が総括的な論文を書いていますが、これまであまり見えなかった合併の政治過程、裏面史のようなものが描かれていて興味深い内容です。

２００８年、29次地方制度調査会の総会で、総務省の「評価・検証・分析」の報告が行われた際、政府・自民党内部に合併をめぐる見解の分裂や政策に対する考え方の揺れが露呈したことが紹介されています。

地方制度調査会総会での町村会・山本会長が「騙されて合併、強制的にさせられたという声をきいている」と批判したのに対し、自民党・太田誠一議員（自民党行政改革推進本部副本部長、市町村数を３２００から１０００へという政策決定に関与した一人）は、「私たちのリスクで決めた。亀井静さんは政調会長で、彼は堂々と反対だと。……これはやらなければダメなんですといって、亀井さんを抑えて、泥をかぶってこの３２００を１０００ということを政府与党として設定したわけです」「しかしいまの山本さんの話をきくと決していいことではなかったわけですから、そこはよく見て精査しないとひょっとしたら間違えたのかもしれない」と述べていたとされます（同書、55頁）。

やはり平成合併始動期に自民党幹事長として、政策決定に関与した野中広務氏が、雑誌のインタビュー「蜷川京都革新府政との対峙」（『都市問題』２００６年12号）で、「今になって、やや、やりすぎたなと思っているのです。後悔しています。……地方切り捨ての財政が進んだために小さな市町村が自分たちだけでは生きていけない状態に追い込まれて、やむをえず合併していくという姿にまでなってきたということです」と言っていたことも紹介されています（同書、64頁）。

さかのぼってみれば、1998年の参議院選で、都市部で大敗した自民党が、農村偏重の政策をあらため、財政資源を都市にシフトさせようとして行った政策が、交付税の縮小であり、市町村合併だったことは以前から言われていましたが、こうした政治的思惑で行われた合併政策が地域を疲弊させてしまったことが、政策決定当事者からの発言で裏付けられたのです。

29次地方制度調査会の「平成合併一区切り」の背景にも、あるいはこうした合併推進サイドの変化も作用していたのかもしれません。

合併した地域の疲弊は、東日本大震災でいっそう明らかでした。旧市町村がなくなった合併市町村では、救助・避難やボランティア受け入れの拠点がなくなり、支所や区も人員の減少で機能しなくなっていましたが、非合併町村はとにかく町長・役場を先頭に避難行動が行われたとされています。

今井論文は、「明治の合併」以来、自治体＝行政という観念が定着してきたため、日本では自治制度が国家の機構として設計されてきたのだといっています。平成合併における自治体＝「総合的行政主体」論は、自治体をフルセット行政単位として定義したものであり、この考え方が、総合行政体ではない自治体を特例町村としたり、定住自立圏で総合行政体でない自治体をサポートするという政策に通じています。要するに行政機能で自治体を位置付け・格付けする考え方なのだというのです。これに対して今井氏は「人の集合体としての自治体」が再定義される必要があるといっています。

### (6) 岡山大学グループの研究（2013年）

岡山大学の太田裕二・平野正樹両氏は、「地方交付税の合併算定替え終了が市町村に及ぼす影響：財政調整機能は維持されるか」（『岡山大学経済学雑誌』45－29）という論文を書いています。

これは、岡山県下の市町村の実態調査に基づき、合併算定替えが終了して一本算定になることでどんな影響が出るかを試算した研究です。試算によれば、10団体以上が合併した自治体などでは、一本算定への移行によって交付税額が20％以上減少するところがあるといいます。これは前に述べた佐渡市のケースに匹敵し、合併特例期間の終了が小規模な町村が集まった合併市町村に与える影響が深刻であることを示しています。

太田氏らが述べていることで、注目すべきことがもう一つあります。先に野中広務、太田誠一氏などの「平成合併やりすぎ」論をみましたが、これは単なる政治家の反省だけではなかったようで、２０１０年度から、交付税の段階補正縮小が修正されて、大げさに言えば「小規模自治体への交付税復活」ともいえるような政策変化が起こっていたというのです。自治体関係者にはすでに知られていることですが、総務省は「平成22年度交付税の決定について」で「段階補正については標準団体未満の市町村について、過去に大幅な縮減が行われたが、現下のこれらの市町村の財政を取り巻く状況にかんがみ、より的確に財政需要にこたえられるよう抜本的に見直し、７００億円程度復元する」と述べていました。太田氏らはこれについて、「地方分権推進計画とは全く逆の内容であり、合併しなかった小規模市町村への地方交付税措置が手厚くされたことになり、財政的には合併しなかったほうがよかったことになる」といっています。

かつて小規模自治体が、普通交付税が減額されるうえ、段階補正なども縮減されていくので自治体として存立できなくなる、として合併にかりたてられたことを考えれば、合併した小規模自治体はまさしく「騙された」ということになります。実はこれはすでに２００２、２００３年ごろから議論されていたことです（加茂利男『地方自治・未来への選択』、前掲）。

合併特例期間の終了を前に、こうした混迷した事態が浮かび上がってきている点に「平成合併15年目の現実」の一端を見ることができます。

## 「平成の合併」プレイバック

これら「平成合併」検証・総括の試みから、従来よく見えていなかったこと、知らなかったことがいくらか明らかになってきています。それらを挿入しながら「平成の合併」の経過や性格を再現・再確認してみるとどういうことになるでしょうか。

### (1) 背景としてのグローバル化と構造改革

地方分権改革には、まだしも地域からの改革ベクトルが働いていましたが、市町村合併＝300自治体論、1000自治体論は、90年代・ポスト冷戦期のグローバル化と新自由主義的構造改革の潮流によって生み出されました。経済団体が一部の政治家や研究者とともにその口火を切ったのです。自民党・自治省（総務省）などは、自主的合併の推進までは合意していましたが、小規模自治体を強力に整理する自治再編までは決断していなかったようで、それを決意させたのが98年参議院選での都市部敗北でした。野中・太田証言からもこの時期に自民党が「大合併」を決意し実行に移したことがわかります。

もちろん国内的な政策的要請として、政府債務の累増、人口減少時代の到来、医療介護、社会保障をはじめとする新しい政策需要への対応が迫られたことも作用していました。

## (2) 「平成の大合併」運動の展開と政策手法・結果

合併が自主的には進まないことがわかってきたため99年合併特例法などで、「アメ」と「ムチ」の手法がとられました。これによって合併に伴うコストが発生し、財政効率化の要請に抵触することは、ある程度わかっていましたが、厳密な計算もないままに実行され、合併市町村にモラルハザードを引き起こしました。合併特例債、臨時財政対策債の累積などで政府債務は、減るどころかかえって増加したのであり、マクロ的には平成合併は財政政策としてはマイナス効果しかなかったというほかありません。

「アメ」の効果でも自主的合併が進まなかったため、交付税の減額、段階補正の縮減、西尾私案にみられる小規模自治体の強制的解消などの手法が浮かび上がりましたが、町村会の反発、「小さくても輝く自治体フォーラム」の登場などもあって踏み切れませんでした。合併特例区・地域自治区など旧町村単位の地域名称や組織の存置を口実に、合併自治体への移行をはかったのです。

このなかで27次地方制度調査会以来、基礎自治体は「総合的行政主体」でなければならないという論理を自治法などの中に織り込み、小規模自治体の例外性を印象付け、市町村合併の再開や道州制への糸口を残しました。

### (3) 「平成の合併」の収束

小泉内閣のもとでのデフレスパイラル、人口減少時代の到来、合併の影響などによる地方の疲弊で、２００６年参議院選、２００８年総選挙で自民党が苦杯をなめるに至り、「合併やりすぎ」論が生まれ、段階補正縮減などの見直しが始まりました。

これをうけて、「平成の合併」の手法は、これ以上継続しがたいとして「合併一区切り」を告げる29次地方制度調査会答申がでてきたのです。

これで平成の合併はいったん収束したことになるのですが。やがて安倍政権の成立により、構造改革が再燃するなかで、道州制法案が再び日程に上ってくるわけです。

プレイバックしてみてわかることは、「平成の合併」は、

①グローバル化・人口減少時代への新自由主義的対応として浮上した政策で、自民党の農村党脱皮という政治的思惑がこれに重なって、「平成の合併」に結実した。

②つねに行政改革の一環として位置づけられ、政府債務の縮減、公共部門の縮小、行財政効率化などが大目標とされながら、合併推進のため合併自治体へ財政特例措置などをつ

けたため、かえって財政規律の後退を招く要素があったにも拘わらず、十分な計算もされないまま実行された。

③小泉内閣時代は構造改革主義が貫かれ、交付税の削減・西尾私案などで小規模自治体が存立の危機に直面したが、地域の疲弊が進む一方、「合併しない」運動、「小さくても輝く自治体フォーラム」運動などで、政治的に小規模自治体解消にまでは進めなかった。いいかえれば構造改革としての市町村合併としては徹底せず、中途半端に終わった。

④「一区切り」以降、合併熱は冷め、町村でいえば人口1万人以下がなお48％、単独で行こうという町村が4分の3存在し、合併の地すべりは止まったように見える。

この平熱状態が踊り場的なものなのか、さらに道州制というスイッチが入るのかどうかがいま問われているのです。

## 21世紀地方自治の課題

### ⑴　行政体の伝統

明治の大合併で自然村が行政村に再編成されていらい、自治体とは行政体であるという考え方にもとづく自治区域の再編成が周期的に行われてきました。フランスなどでは、中世以来の地域共同体（コミューン）が、近代国家のもとで継続・発展し、やがて憲法で自治権を付与されて公的な法人格を持ちましたが、日本の場合、明治の大合併で、自然村が公的性格を持たなくなり、共同体としての町や村ではない行政単位としての市町村が組織されました。共同体から切り離された行政体が制度化されたことで、行政的な必要に応じて町村合併が繰り返されることになったのです。

### (2) 福祉国家における自治体合併と分権・自治の波

こうした国による町村合併は日本の近代化に特有の出来事とも考えられてきましたが、1970年代以降、ヨーロッパの福祉国家でも市町村合併が国の政策で行われました。福祉国家の公共サービス供給の必要からサービスエリアとして市町村が再編成されたのです。こうして市町村合併は日本に特有の現象ではなくなったといえます。

ただ他方で、ヨーロッパでは地方分権が60年代以降、地方自治の新しい潮流になり、国主導の合併に対する批判や反省も起こりました。フランスやイタリアでは、コミューンを行政単位ではなく、共同体であり自治の単位だという考え方が強かったため、国が合併法をつくっても実行されず、分権改革で自治体が移譲された広域的で規模の大きい事務をこなしていくためには、コミューン共同体（日本でいう連合）が制度化されることになりました。またヨーロッパ地方自治憲章が制定され、近接性・補完性の原則が示されて、住民に近い自治体でできるだけ多くの公共事務を担い、コミューンの範囲や能力をはみ出す事務は、まずコミューン共同体で、次いで広域政府（県や州や国）が行う考え方がとられるようになりました。これにともなって、自治体の境界の変更、合併などは関係自治体の自主性と協議によって行われるというルールが確立されたので、１９８０、１９９０年代には国が自治体の頭越しに合併を法律で強行することができにくくなりました。

## ⑶　グローバル化・人口減少時代と区域改革

ところが21世紀に入り、日本の「平成の合併」と軌を一にするように、ヨーロッパにも自治体合併の新たな動きが現れています。グローバル化で資本や労働力が流動化し、世界的な規模で、都市へ、グローバル・センターへ移動しています。これに伴って、農山村や古い工業都市の人口減少が激しくなり、さらに人口の自然減がつよまり、人口密度の低下でコミュニティや自治体の機能が成り立たない地域が広がっているのです。「都市の縮小」や、「集落の崩壊」といわれる現象です。

これに対して、北欧などでは自治体の再編成が検討され、第2章でみたように、デンマークやフィンランドでは、合併や連合が行われることになりました。小規模なコミューンが維持されているフランスやイタリアでは、コミューン連合で広域化する行政需要に対応しようとしていますが、フランスでは近年コミューン連合への加入をルール化する政策もとられています。他方、大都市圏ではグローバル時代の地域間競争に対処するため、世界都市とその周辺地域をつなぐメガ・シティ、メトロポール、シティ・リジョンなどとよばれる行政単位を作る動きもみられます。

これは、日本における大阪都や関西広域連合、道州制などに通じる動きといえます。こうした動きはグローバル化のもとで、市場競争と構造改革が続く限り、際限なく継続するのかもしれません。安倍政権のもとで道州制案が日の目を見ようとしているのもその表れです。したがって「平成の合併」の延長線で、あらたな合併や広域行政体創設の動きが起こる可能性は皆無ではないといえます。

## おわりに――もう一つの「ポスト平成合併」

人口減少時代、グローバル時代はたしかに公共空間が組みたてなおされる時代です。

しかし、合併や道州制の道が唯一の選択肢ではありません。全国町村会の調査が示しているように、日本の町村では、平成合併の熱気が冷めて平熱状態になり、現在の町村の単位で行こうと考え、事務処理の上でも連携や府県の補完があれば、やっていけるという雰囲気になっています。

また今後の公的サービスの主役になる各種の保険者事務などは府県単位で行われるのが望ましいという意見も強まっており、府県を道州に切り替える改革は、現場の感覚とすれ違っています。町村など地域の現場からの声が強まれば、再合併や道州制には簡単に進まないでしょう。

世界的な自治制度改革の潮流はスクランブル状態で交錯しており、デンマークのように道州制・市町村合併に見える動きもありますが、ヨーロッパでの改革の基調は、多層的な公共空間の創出です。つまり、広域行政体も必要だが、より住民に近い公共空間も充実させなければならないということです。

他方、広域的な需要に対しては、合併で対応する例もありますが、大勢はコミューンの自立を基礎にしながら、連携・連合や県による広域事務処理であり、行政体として州が作られている場合も、その規模は日本で考えられている道州よりは小さく、機能も限定されているうえ、州をつくっても県を廃止するようなことは行われていません。

要するに、マルチ・レベルの公共空間がつくられ、それらを柔軟に連携させながら、人口減少、グローバル化時代のガバナンスが行われているのです。もしも日本が平成合併後、道州制を導入し、巨大な広域行政体をつくって公共機能をそこに集めるような改革をやってしまうと取りかえしのつかない損失を残すのではないかと危惧されます。

# 第4章　「日本型人口減少社会」と地方自治

## はじめに

今日の世界に立ち込める不安と混迷は、無数の問題が絡み合って生みだされており、そこに危機の深さや複雑さの理由があるのだと思います。

混迷の原因は無数にあって絡み合っていますが、この章ではそのなかの一つ、人口減少社会の問題を取り上げたいと思います。

## 「人口減少社会」というテーマ

まず、少し大きな枠組みの話をしたいと思います。いま、国連、OECDとかEUなどの国際機関でも、先進国における人口減少の問題を、世界が直面する大きな社会問題の一つと位置づけて、これにどう対処していくかをテーマにした研究や論議が数多く行われています。おおげさにいうと、18世紀の産業革命以来、近代社会は、工業化・都市化と人口増加の一途をたどってきたのですが、その近代化が行きついた果てに、今度は世界の広い範囲で人口が減少し、人間社会が縮小しはじめるという新しい動きが出てきたのです。これは、歴史の流れの逆転・Uターンではないか、とさえいわれています。

人口減少社会をめぐる議論が広がるにつれて、「人口論」「人口学」のことが話題になってきています。人口論というと、200年あまり前の18世紀末、経済学者ロバート・マルサスが『人口論』で打ち出した理論が思い出されます。マルサスは当時産業革命を背景に人口が増えはじめ、しかも人口の増加率が食糧など生活資源の増加率を大きく上回っているので、人口の増加を制限しないと世界は貧困や飢餓に陥るという考え方を打ち出したのでした。このマルサス理論は、カール・マルクスをはじめ多くの経済学者から批判されました。現実には、産業革命による生産力の発展、雇用や所得の増加で人口の増大を吸収できる経済や社会ができていったため、人口の増加がストレートに経済や社会の困難をもたらすことにはならなかったわけです。

20世紀になっても、途上国の人口爆発で、食糧問題や環境問題が深刻化し、地球に人が住めなくなってしまうのではないか、といわれてきました。いまでもそういう問題は続いていますが、人口だけについていえば、いくらか増加のペースがゆるやかになってきました。難しいことではありますが、人口の増減は人間の努力である程度コントロールできるわけです。ところがいま、ちょうどマルサス理論を裏返したように、人口の減少が経済や社会の危機を呼び起こすという考え方が急激に強くなっています。

２００年前のマルサス理論もいまの人口減少社会論も、経済や社会の問題を人口の変化から説明するものです。たしかにいまの人口減少はいろいろ困難な問題をひきおこしており、日本では全国の自治体で人口ビジョンがつくられるくらい、人口問題への関心は国中で高まっており、われわれは人口問題に振り回されているというほかありません。

どうやって人口を減らさないかという政策論の前に、もう少し根本的なところから人口論を考えてみたいと思います（河野稠果『人口学への招待』中公新書などを参照）。

例えば、「歴史人口学」という学問があるのを知りました。これは国勢調査や人口統計というものがなかった古い時代のことをいろんな資料、例えば江戸時代にお寺が作っていた宗門改め帳などは毎年各檀家の家族のメンバーの名前や年齢を記した非常に正確な人口資料だったそうですが、こういう資料をもとに村単位の人口を推計し、人口についての長期的な法則を発見しようとする学問です。

この歴史人口学で言われているところによると、歴史のどの時代をとってみても「都市は人口の墓場」だったそうです。つまり、都市はどの時代にもつねに農村に比べて人口の流動性が高く、出生率が低く、住民の寿命が短い。いつの時代も、農村で生まれた人たちが都市に移動していき、多くの人が結婚せず、子どもを産まないまま早死にするという傾向があったというのです。これは当たり前の話にも聞こえますが、面白い発見だとも思います（速水融『歴史人口学の世界』岩波現代文庫）。

要するに、今日の人口減少社会の背景には、都市化という世界的な変化が横たわっているのだと思います。都市化が極限まで進んだ20世紀～21世紀の時代は、「人口の墓場」がむやみに広がってしまったことになるわけで、だから人口減少社会がやってきているのだともいえます。

人口経済学という学問もあります（加藤久和『人口経済学』日本経済新聞出版社、吉川洋『人口と日本経済』中公新書など）。マルサスをある程度継承しながら、人口と経済の関係について、いろいろな議論が行われています。

たとえば、経済が不況で将来への見通しが明るくない時代には、出生率は必ず下がったといわれます。世界大恐慌が起こった１９３０年代には欧米の多くの国で出生率の低下が起こっています。それが戦後になって、経済が復興してきたことで、出生率は回復し戦後のベビーブームがやってきたのです。ところが、１９７０年代の石油ショックで工業生産が行きづまり経済成長が止まると、また低出生率になりました。とくにドイツやオーストリアをはじめとするヨーロッパ諸国の多くでは、子どもをあまりつくらないライフスタイルが広がり、低出生社会が定着してしまったのです。

戦争のような短期的な出来事によってではなく、低出生社会がライフスタイルとして根付いてしまうと、これを転換するのは容易ではありません。なにしろ、出生率の低い時代が長く続くと、急に出生率を上げて人口を増やそうとしても、母数であるその時点での人口が減ってしまっているのですから、出生率の回復はすぐには人口の増大につながらないわけです。ヨーロッパ諸国では、出生率低下による人口減少を埋め合わせるため、移民を積極的に受け入れるようになりました。それによって人口の減少はたしかに緩和されたのですが、今度は移民排斥の運動やテロ、イギリスのＥＵ離脱のような別の難しい社会問題が生み出されました。

ここまで述べたのは、経済から人口の変化を説明する理論でしたが、逆に人口の変化から経済を考える見方も打ち出されています。経済の停滞とかデフレは経済問題ですが、われわれはそれを輸出の減少とか金利・物価の上昇、公共投資の不足などといった経済的要因から説明してきました。経済政策でデフレは解決できるという理屈で考えてきたわけです。しかし最近はいくら経済政策・金融政策や財政政策をやっても効果がさっぱり出ない。そこで、実は経済の浮き沈みは短期的な経済政策よりも、むしろ長期的な人口の変化、「人口の波」によってより大きく影響されるのだという考え方が有力になってきました。

たとえば、日本の１９９０年代以降の平成不況やデフレが、日本の円高や輸出競争力の低下、財政危機のために起こったのだというのは、表面的な見方にすぎず、生産年齢人口の減少が根本的な原因であり、だから人口政策こそ重要なのだという説が有力になっているのです（藻谷浩介『デフレの正体』角川書店）。

このように、人口と経済の関係を重視して考える人口論的な経済論が21世紀になって俄然有力になってきて、自治体の政策も人口問題に振り回されることになっているわけです。

歴史人口学がいうように「都市が人口の墓場」であるなら、人口減少社会を転換するためには、人を産む力の強い地方、農山村を再生させ、ここにもっと人が住むようにさせることが必要だということになります。「地方創生」は、そういうアイデアの一つだとは思いますが、この政策論にはいろいろ問題点があります。そのことについては、あとで改めて書くことにして、とりあえずここでは、人口論が影響力を強めて世の中を動かし始めていることを記憶にとどめておいていただきたいと思います。

## 日本型人口減少社会

では、日本における人口減少の問題をどう考えたらいいのでしょうか。「日本型人口減少社会」の特徴と問題点を考えてみたいと思います。

ご存知のように、２０１４年8月に元総務大臣で岩手県知事だった増田寛也氏の『地方消滅』（中公新書）という本が出て、大きな話題になりました。この本は、日本はこれから大変な低出生社会になり、やがて人口が激減して消えてなくなる自治体がたくさん出てくるというシナリオを打ち出して、自治体関係者にショックを与えたわけです。この本をきっかけに、人口減少という「妖怪」に日本が脅かされることになってきたわけです。増田氏はそんなことにならないように警鐘を鳴らしたつもりでしょうが、いきなり地方や自治体の消滅が宿命的でもあるかのような議論をしたために、政治的意図をもってむやみに危機感を煽った結果になったわけです。

## 図２　先進国の人口増減パターン

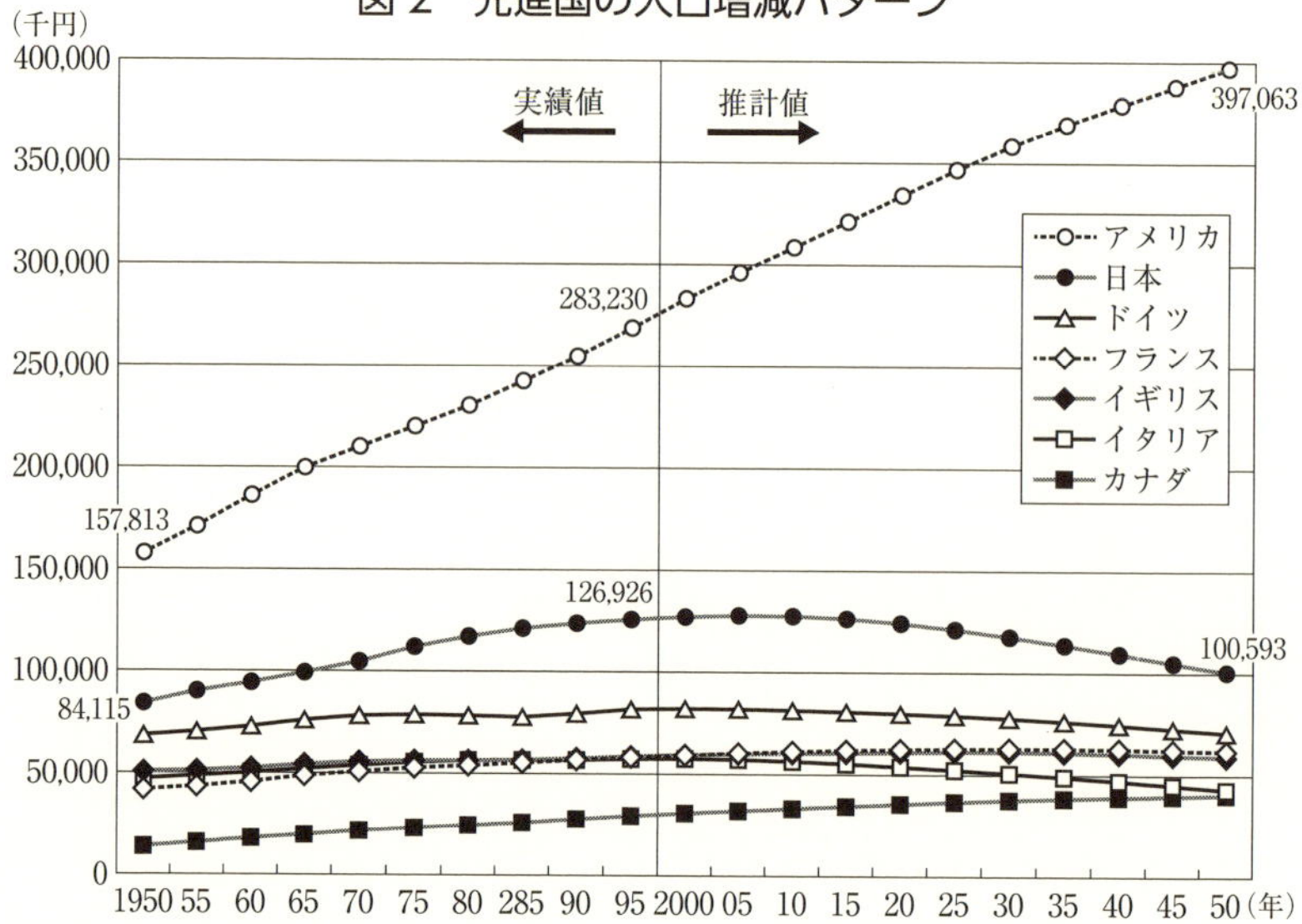


出典）UN. World Population Prospects. 2000。日本については総務省「国勢調査」、国立社会保障・人口問題研究所「日本将来推計人口」（2002 年１月）

私は、人口減少の問題を国際比較してみたらどうなるかと思って、人口統計を拾い読みしてみました。

**図２**をみてください。この図をみると、日本は西暦２０００年ごろからの人口減少のスピードが他の国に比べて際立って速くなっています。**表２**も同じことを示しています。**図２**には２０００年ごろまでの日本の人口増加のカーブも示されていますが、ごらんのように、アメリカを除く先進国の中では、日本がいっとき、一番人口増が激しかったことも示しています。

別の言い方をすると、日本は戦後の人口の増え方も、それ以降の減り方も急激だったわけで、急増・急減が日本の人口

**表2　主要先進国人口推移**（2005年を100とした2050年の推計値）

| 日本 | ドイツ | イタリア | オーストリア |
|---|---|---|---|
| 74 | 83 | 108 | 109 |
| スイス | フランス | スウェーデン | スペイン |
| 109 | 115 | 117 | 121 |
| ノルウェー | イギリス | オーストラリア | アメリカ |
| 127 | 128 | 138 | 142 |

出典）守泉理恵「将来推計人口の国際比較」『人口問題研究』2008.9より。

変化の特徴だったということになります。

**図2、表2**をみるかぎり、アメリカは人口増が先進国中で突出して高く、それが今も続いている、まさに例外的な国です。これに対してヨーロッパの国々は概して人口は停滞・減少していますが、人口増減率は日本よりは平坦で、安定的なようにみえます。

日本の人口急増急減は、一言で言うと、戦後の「日本型資本主義」の特徴を映し出しているのではないかと思います。戦後日本は世界に冠たる高度成長を成し遂げて経済大国になりましたが、それは政府が企業の収益の拡大を国家的な最優先課題にし、企業をあの手この手で支援する「護送船団方式」の政策をとったためです。公共事業や補助金を使って土木建設業や製造業の大企業を成長させ、そこで生れた収益で他の産業にたいする需要を生み出す。そして大企業が獲得した収益を中小企業や労働者の所得に「トリクルダウン」（滴り落ち）させて、国全体の生産高や所得の増大をはかるという成長パターンを生み出しました。成長を引っ張った主力産業は土木建設や製造業で、その労働力の中心は戦後ベビーブーム世代の大量の若い労働者でした。低賃金の若い労働力が都市に立地する主力産業にどんどん集まったことが、生産の飛躍的な拡大につながり人口増につながったのです。

このように生産年齢人口の増加と企業の成長が連動したために、高度経済成長の時代が訪れたのです。

ところが、1970年代の石油ショック以降工業生産が頭打ちになりますと、金融業やサービス産業に投資が移動し、海外に市場や生産拠点を移す、いわゆる「脱工業化」や「グローバル化」が始まります。企業は金融ビジネスや海外生産で収益を生み出し、それを国内の本業に再投資しないで内部留保し、海外生産をさらに増やすようになりました。

他方、日本企業の輸出によって打撃を受けたアメリカなどが、日本は輸出主導型の成長をやめ、もっと住宅や公園や社会資本に投資し、労働時間を短縮して国内の需要を増やすべきだとして「日本型資本主義」への批判を強めました。とくに1989年の日米構造協議以降、経済のルールや慣行を大きく変える構造改革が進められたため、日本はそれまでの成長パターンが維持できなくなりました。こうして始まったのが、「平成不況」とか「失われた20年」といわれる長期的な経済の停滞だったのです。

これにたいして政府や経済界は、むりやり公共事業を行って内需を増やそうとし、そのために膨大な公債を発行しました。その結果、１９９０年代に６００兆円とか１０００兆円とかいった莫大な政府債務残高をつくってしまったのですが、この政策も成功しませんでした。政府・企業が一体となって莫大な借金をし、公共事業を行い、株や不動産などへの投資をしたのですが、公共事業は製造業などへの波及効果をもたらさず、金融資産や不動産は実体のないバブル資産になって雲散霧消し、債務だけが残ったのです。

結局のところは、雇用や勤労者の所得を圧縮することで企業収益を守るという古典的な資本主義的搾取の方向に流れることになりました。規制緩和で雇用が不安定化させられ、賃金は減少し、それがまたデフレを深めるという、負の連鎖が起こりました。

第２次以降の安倍内閣が、アベノミクスという成長戦略を打ち出したのは、デフレの連鎖を断ち切るというメッセージでした。アベノミクスは、短期的には効き目があったようにみえ、安倍内閣はその成果をおおいに吹聴しましたが、その効果を実感できたのは、大企業や株式保有者などだけでした。金融緩和や規制緩和で株価は上昇しても投資や賃金は停滞したままで、産業波及効果やトリクルダウンは起こらず、雇用や所得は目覚ましくは回復しません。この結果、若い勤労者が結婚して子どもを産むことに前向きになれない社会が出来上がってしまったのです。

なにしろ年収３００万円、昇給もボーナスも無しというような条件の下では、子どもを産み育てる人生の設計図が描けないわけです。まさにその日暮らしをし、たまに合コンでもやって憂さを晴らす。そんな生活像が蔓延していきました。こうして、人口減少社会が深まったのです。

このように考えてみると、人口の減少から経済の停滞を説明するのは、結果論みたいなものではないでしょうか。むしろ人口減少の背後に、政治経済システムを置いてみないとほんとうのところはわからないとおもいます。

もう一度、**図2**にもどって他の先進国の変動パターンをみますと、なんといっても、アメリカの際限もないくらいの人口増加が突出しています。もともと移民の国だったアメリカも、1920年代ごろは、いまのドナルド・トランプのような移民排斥論が強くなって、とくにアジアからの移民の受け入れを制限する移民法改正が行われたことがあります。しかし戦後は共産主義者などに門戸を閉ざす出入国管理政策はとられましたが、出身国や民族、宗教による差別は緩和されたため、移民の数が大きく増えました。そういうトレンドがこのグラフに示されています。

アメリカにはそれだけ移民を受け入れる空間的、経済的・社会的な力があり必要があったわけです。とくに1980年代以降のグローバリゼーシは、世界経済の中枢となったアメリカへの移民を急増させました。世界都市といわれるニューヨーク市などは、1976年から2

015年頃までに人口が710万から840万へ130万人も増えています。しかもアメリカに入ってくる移民のなかで大きな部分を占める中南米系の移民は、出生率が高いので、人口の社会増だけではなく、自然増も多いのです。

また**図2**を見ていただくと、ヨーロッパの先進国は、いまは人口が概ね横ばいで停滞していますが、日本のように減ってはいません。その最大の理由は、移民の流入です。2010年代のEU諸国における外国生まれの住民の割合は、概ね10％前後か、それ以上です。移民の増大は、政治的・経済的に困難な状態な立場におかれている人たちにとって国境を越えた新しい居場所を見つけられるという意味では、自由や社会進歩につながるものですが、資本や雇用の移動によって、人々の生活が揺さぶられるという面もあります。したがって減った人口を移民によって埋め合わせることは、民族、宗教、言語、文化の異なる人々を緩やかに溶け合わせられるペースで進むのなら、よいことでありうるのですが、経済の流れに引きずられた急激な人口移動は、多様なグループの間に過剰な軋轢《あつれき》を生み出す可能性があり、EU統合に伴うヨーロッパでの人の動きには、諸刃《もろは》の剣ともいえるプラス、マイナスの両面が含まれていました。イギリスのEU離脱は、このプラスとマイナスの均衡が崩れたことを意味するのかもしれません。そういう意味ではヨーロッパ諸国の人口の安定は危うさをはらんだ安定だったということになります。

もっとも、フランスやスウェーデンはちょっと別で、政府が子どもを持つ世帯に、税額控除、児童手当の支給、育児休業、保育所増設といった総合的な家族政策が行われたことが、人口の自然増に寄与しています。

**表2**では、いまの傾向がつづくならば、ドイツ、イタリア、オーストリア、スイスなどを除く欧米先進国は2050年までに、10%以上の人口増になることが見込まれています。このように、欧米先進国の多くは、人口をこれまでのところ比較的安定させてきたのですが、この傾向もそのまま続くかどうかはわかりません、先ほども言ったように、近年移民を排斥する風潮が強まっているので、むやみに移民を受け入れるわけにいかなくなっているのです。これは日本とは違ったヨーロッパの政策的ディレンマだといえます。

もうひとつ、まだあまり議論されてはいませんが、東アジア型資本主義の人口変化パターンというのもあるかもしれないと思います。

**図3**は、先進国の合計特殊出生率を比較したものですが、韓国とシンガポールの出生率が日本よりも低いのです。これはどう説明できるのか、私もまだ確信はないのですが、どちらも都市のウエイトが高い国だということと関係があるかもしれません。シンガポールはいわずとしれた都市国家ですし、韓国はソウル、インチョンなどの首都圏だけで、国全体の人口の半分になる、きわめて一極集中的な国です。首都一極集中のため、「人口の墓場」である都市

図3　主要先進国合計特殊出生率（2016年発表分）

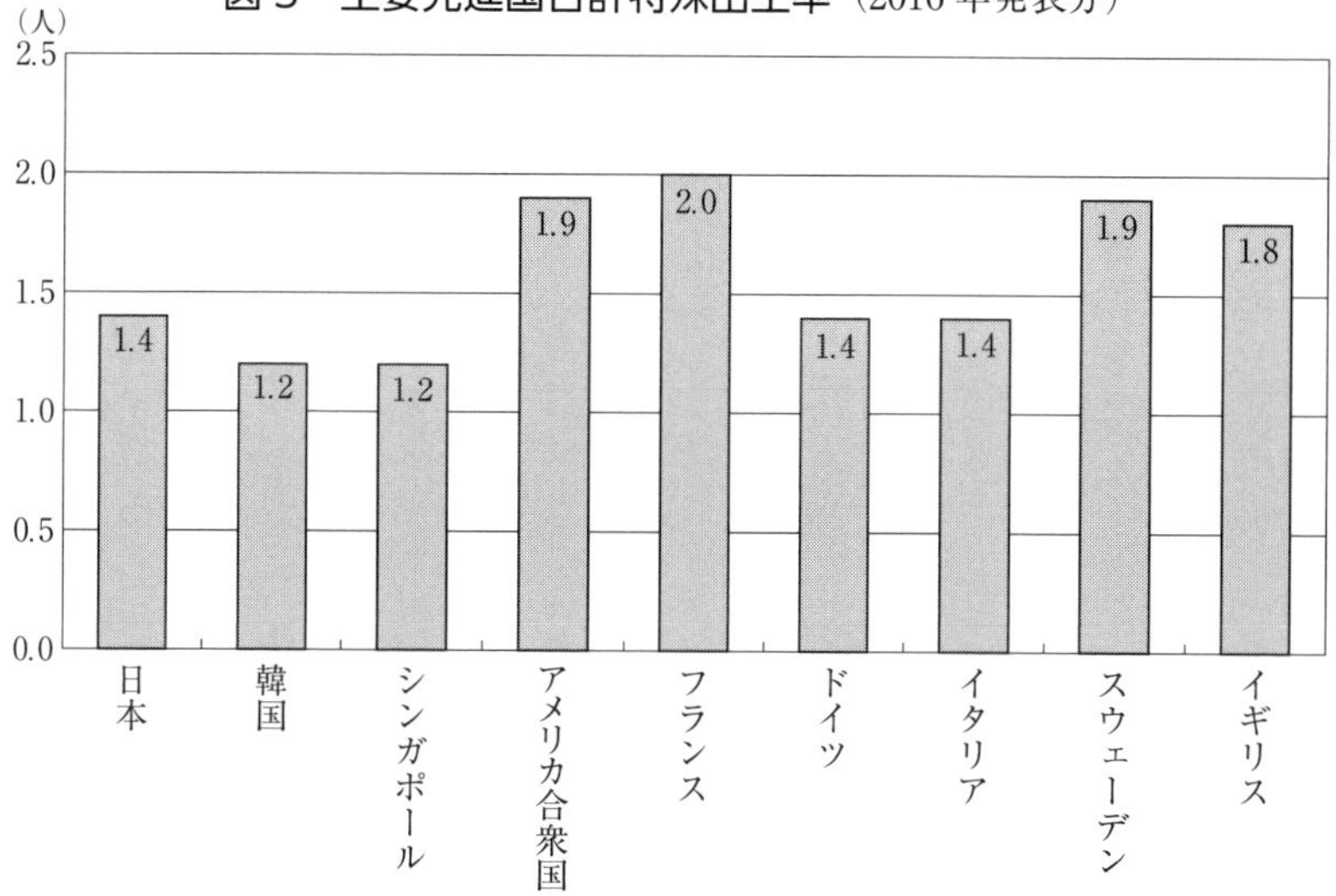


出典）『ガベージ・ニュース』ウェブページ、2016年。

が大きくなり、晩婚化や非婚化が進み、出生率が下がったのです。

韓国の場合、はじめソウルに人口が一極集中した結果、まず第2位の都市プサンが人口を吸い取られて衰退し、地方の衰退も進みました。ところがいまやソウルでも人口の減少がはじまり、2大都市ソウルとプサンがともに21世紀に入って人口減少の傾向を示しています。やがて2020年以降は、日本と同じく国全体の人口減少に陥ることが予測されています。日本も韓国も、首都圏一極集中型で発展した国であり、一極集中によって生まれた経済の効率がいっときまでは経済成長の力になったのですが、それが非婚・晩婚社会を作り出し、人口減少をもたらしはじめたのです。日本と韓国という戦後アジアの成長国が、人口減少問題に共通してぶつかっているのは、興味深いことではないでしょうか。

シンガポールについては、人口の減少が予測されていません。これはインドネシアのバタム島やマレーシアのジョホール州を合わせて、国境を超える経済圏をつくり、関税やそのほかの税金を安くし安価な労働力を確保して、欧米企業の投資を呼び込んだために、人の行き来が絶えず、出生率が下がっても人口が減らないメカニズムができているためだと思います。

## 「人口減少社会」の地域間競争

いずれにしても、いま多くの国がいろんなパターンで人口問題にぶつかっているわけですが、この底流になっているのが、グローバル化時代の人口移動だと思います。EUのような地域統合体とか、自由貿易圏のように、ヒトやモノの移動を自由にするグローバル化の仕組みが広がってくると、人口の移動はとめどもなく、とらえどころもなくなります。シェンゲン協定に基づいて、ビザなしで国と国の間を行ったり来たりできるEU圏などでは、移民と土着の国民との間に雇用をめぐる紛争が起こり、テロリストを見つけるのも大変になります。

このように人が絶えず移動する時代には、ある国・地域が、経済が好調で雇用や賃金、社会保障などが充実し環境や治安もいいと、他の地域や国から移民・移住者がどっと入ってきて人口が増えます。半面この移民・移住者を送り出した国や地域は、人口を減らすことになります。いってみれば人口がとどまるところなく、あっちへこっちへと動き、人口移動のシーソーゲームが起こっているわけです。

総人口が増えている中での人口争奪ゲームなら勝ったり負けたりで違いは相対的ですが、人口全体が減っている中で争奪競争が起こると、みんなの取り分の合計が減っていく「マイナス・サム・ゲーム」（合計がマイナスのゲーム）になります。こういうゲームになると、ある地域が自力で知恵を出し発展するとそこに人が集まってくるのですが、その分、他の地域の人口を減らすことになる。勝ち組と負け組の差が、絶対的な違いになり、だんだんと負け組の方が多くなっていきます。ここにいまの「地方創生」をめぐるディレンマがあるのではないでしょうか。

平成の大合併のころ、「小さくても輝く自治体フォーラム」の運動が起こりました。そのなかでとくに輝いていた自治体が多かったのが長野県でした。長野の町村の多くは、国や県に依存せず、自分たちの頭で考えた制度や政策で地域の資源や文化、人材などを生かした独自の地域づくりを行って成果をあげていました。だからこそ自力で創造したしくみや政策を合併で失いたくないと考えて、強制的な市町村合併に反対するフォーラムに加わったのでした。

そういう意味で、私はこの「小さくても輝く自治体」の営みは、宮本憲一氏が1980年ごろに提唱された「内発的発展」のモデルを体現したものだと考えてきました。ところが平成の合併が一段落して、国全体で人口減少が始まったなかで、「小さくても輝く自治体」も新しい問題に直面することになっているように思います。

あるジャーナリストは、著書の中で「地方衰退」時代の中で、村の人口を増やしたサクセス・ストーリーとして下伊那の下條村《しもじょうむら》を取り上げています（相川俊英『奇跡の村』集英社新書）。

下條村は、独自の優れたアイデアを駆使し、国や県に依存しない政策で、地域を活性化させ、人口を減らすのではなく増やすことに成功しました。たとえば、単独事業で村営住宅をつくった政策があります。若い人向けの公営賃貸マンションを単費でつくることで、子どもを産み育てる年代の人たちを村に迎え入れ、定住させる政策でした。こういう政策が成功して下條村の人口は増えました。

ところがこの下條村について、最近ちょっと違った見方がでてきています。別の地域再生プランナーが、やはり下條について書いた本を出していますが、そのなかで、たしかに下條村は公営住宅などで人口増加に成功したが、その後周辺の自治体が同じような政策を始めると、下条村の人口は減り始めたと指摘しているのです（久繁哲之介『競わない地方創生』時事通信社）。たしかに統計を見ると、1990年代から2005年まで、人口増が続いた下條村はそれ以降人口減になっています。

つまり、絶え間なく動き回る人口を、自治体同士が取り合うゲームになっているものですから、個々の自治体ががんばって良い地域を作っても、その結果みんながそろって発展できることにはならない。みんなの取り分の合計が減る「マイナス・サム・ゲーム」になると、負け組の方がだんだん多くなっていくのです。増田寛也氏の『地方消滅』は、国全体の人口が減っていくなかですべての自治体を救うことはできないという考え方に立って、「選択と集中」で、生き残れるところを選んで生き残らせることを提案しています。

政府の地方創生政策も、地域総合戦略を自治体に自由に自主的につくってもらうが、ＫＰＩ（重要業績評価指標）という人口などの数値目標もつくらせ、その達成度に応じて交付金の配分に差をつける方式を打ち出しています。交付金という一般財源を競争的に配分するわけで、ＫＰＩを達成できなかった自治体はだんだんとジリ貧になってますます人口減少にならざるをえません。内発的発展は、地域がそれぞれ自分の独自のアイデアと地域資源を使って発展する方式でしたが、人口減少社会がやってきたために、ゲームのルールが変わり、内発的発展に成功した自治体は人口が減らず生き残るけれども、成功できなかった自治体は衰退・消滅していくという「サバイバル・ゲーム」になってきているように思います。

自治体は、独自の創意を発揮して、地方創生のために努力するのですが、一緒に発展することができず、競争して共倒れになる。そういう落とし穴というか、罠が仕掛けられているため、結果を残せなかった自治体は、どんどん人口が減って淘汰《とうた》され、本当に消滅する。市町村合併と同じことになりかねないような気がします。「小さくても輝く自治体」が、頑張れば頑張るほど、この仕掛けにはまってしまいかねないようにさえ思えます。

この人口移動と地域間競争のなかで、日本の都道府県人口がどう動いているのかを、眺めてみたいと思います。

**表3**は道府県別の人口増減率をみたものですが、人口が増えているのは、7都府県だけです。増加率1位はもちろん東京ですが、2位が沖縄です。沖縄が人口増加県だというのが面白いところです。

**図4**で都道府県別合計特殊出生率をみますと、沖縄が断トツで1位、2位以下に宮崎、熊本、島根、長崎、鳥取などが続いています。東京の出生率は最下位で1・17です。つまり、出生率・人口再生産力が相対的に高い沖縄など九州・中国・東北の諸県で生れた人たちが東京に移動して都市部の人口増をささえているわけです。いまや国全体が人口減少になり、マイナス・サム・ゲームのなかで地域の人口が変動するようになってきた中で、人口減少県が圧倒的に多くなっているのは当然ですが、これはいままで出生率が高く、東京などに人を送り出してきた地方でも、出生率が下がっているということです。

## 表３　都道府県別人口増減率

| 順位 | 都道府県 | 人口増減率 | | 順位 | 都道府県 | 人口増減率 | |
|---|---|---|---|---|---|---|---|
| | | 2013年 | 2012年 | | | 2013年 | 2012年 |
| — | 全　　国 | −0.17 | −0.17 | 24 | 奈良県 | −0.54 | −0.46 |
| 1 | 東京都 | 0.68 | 0.53 | 25 | 福島県 | −0.55 | −0.79 |
| 2 | 沖縄県 | 0.40 | 0.44 | 25 | 佐賀県 | −0.55 | −0.45 |
| 3 | 埼玉県 | 0.23 | 0.14 | 27 | 北海道 | −0.56 | −0.54 |
| 4 | 神奈川県 | 0.19 | 0.13 | 28 | 長野県 | −0.57 | −0.48 |
| 5 | 愛知県 | 0.17 | 0.21 | 28 | 宮崎県 | −0.57 | −0.50 |
| 6 | 千葉県 | 0.08 | −0.04 | 30 | 富山県 | −0.58 | −0.60 |
| 7 | 福岡県 | 0.03 | 0.09 | 31 | 福井県 | −0.63 | −0.53 |
| 8 | 宮城県 | 0.00 | 0.11 | 31 | 大分県 | −0.63 | −0.59 |
| 9 | 滋賀県 | −0.03 | 0.09 | 33 | 鳥取県 | −0.64 | −0.71 |
| 10 | 大阪府 | −0.15 | −0.08 | 34 | 愛媛県 | −0.69 | −0.68 |
| 11 | 広島県 | −0.23 | −0.30 | 35 | 鹿児島県 | −0.70 | −0.59 |
| 12 | 栃木県 | −0.29 | −0.29 | 36 | 山梨県 | −0.72 | −0.60 |
| 12 | 京都府 | −0.29 | −0.29 | 37 | 新潟県 | −0.74 | −0.70 |
| 14 | 兵庫県 | −0.30 | −0.24 | 37 | 長崎県 | −0.74 | −0.78 |
| 15 | 岡山県 | −0.31 | −0.30 | 39 | 徳島県 | −0.76 | −0.75 |
| 16 | 石川県 | −0.32 | −0.30 | 40 | 岩手県 | −0.78 | −0.66 |
| 17 | 群馬県 | −0.38 | −0.43 | 40 | 島根県 | −0.78 | −0.68 |
| 18 | 熊本県 | −0.39 | −0.32 | 42 | 山口県 | −0.80 | −0.77 |
| 19 | 茨城県 | −0.43 | −0.41 | 43 | 和歌山県 | −0.85 | −0.84 |
| 19 | 三重県 | −0.43 | −0.39 | 44 | 山形県 | −0.92 | −0.90 |
| 21 | 香川県 | −0.45 | −0.36 | 45 | 高知県 | −0.96 | −0.89 |
| 22 | 静岡県 | −0.47 | −0.31 | 46 | 青森県 | −1.08 | −1.04 |
| 23 | 岐阜県 | −0.50 | −0.48 | 47 | 秋田県 | −1.26 | −1.18 |

注）人口増減率（%）$= \dfrac{\text{人口増減（前年10月～当年9月）}}{\text{前年10月1日現在人口}} \times 100$

人口増減＝自然増減＋社会増減

出典）厚生労働省人口動態統計（2013年）

東京圏に若い人口を供給することで、地方から若い人たちがいなくなり、地方でも子どもが生まれず出生率が下がる。やがては、東京も地方からの人口流入が止まって国全体が急激な人口減少に入っていく。これが、増田氏が描いた地方消滅のシナリオで、いまのトレンドを見る限り、

## 図 4　都道府県別にみた合計特殊出生率

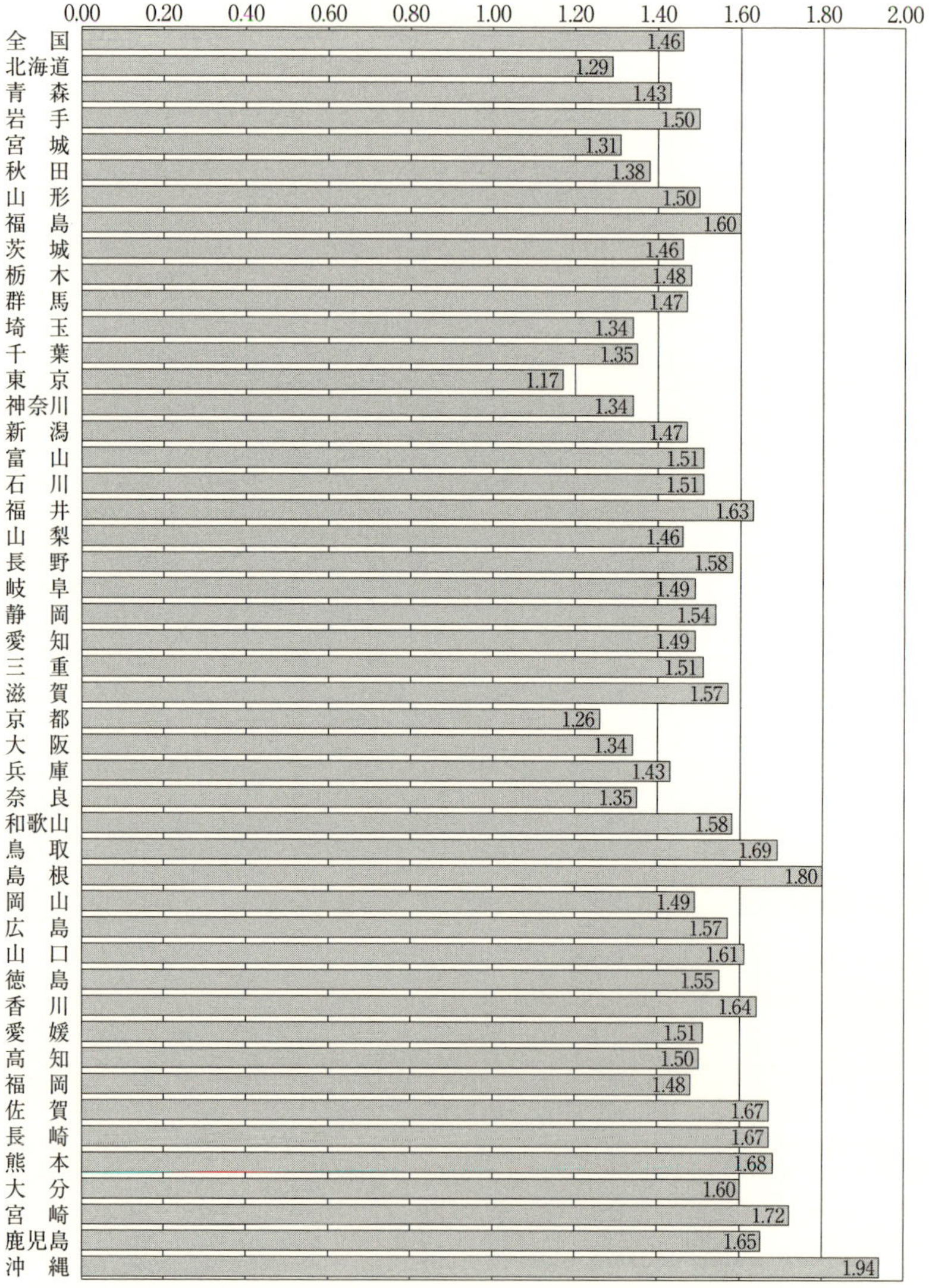


出典）2015 年人口動態統計。

じっさいにそうなっているのです。言いかえれば、アメリカやヨーロッパのような国境を超えた人口移動、移民が少ない日本では、人口争奪競争が国内で起こるため、結局は都市と地方が両すくみになって、日本全体を急激な人口減少社会にしていくわけです。これが人口移動と地域間競争の日本バージョンではないでしょうか。

20世紀には、発展する地域と衰退する地域が入り混じってはいても、トータルな人口は増えていて、人口ゲームはプラス・サム・ゲームで、勝ち負けは相対的でした。つまり内発的・自立的発展に成功した地域が他の地域にダメージをあたえるということは必然ではなかったのです。ところが、人口減少社会・人口移動社会のもとで地域間競争が起こっている今の時代は、内発的発展がお互いに共存・連動しにくく、人口争奪戦の結果、人口減少地域がどんどん増えているのではないでしょうか。

こういう時代には、それぞれの地域が内発的な発展をはかることは重要なことですが、それだけでは「人口争奪ゲーム」の罠にはまってしまいそうに思います。各地域がその地域の「創生」にばかり目を奪われてしまうと、共倒れになる危険があるのではないかという感じがするのです。

ＯＥＣＤは、国際共同研究の結果として、出生率の回復には、まず子どもを持つ家庭への税控除、児童手当、育児休業、保育所の増設などの家族政策を国全体で行うことが必要であり、こういう政策は相当な効果を発揮するという見方を打ち出しています。これらの政策を国がやれば、先進国でも合計特殊出生率は２・０くらいまでは回復するという推計も出ています（河野稠果、前掲書）。先に述べたように、スウェーデンやフランスではこういう政策が効果をあげて、全国的に出生率が回復しました。これに対して、日本の「地方創生」政策は、個々の自治体に地方版総合戦略をつくらせ、「地方創生競争」をさせるというやり方が基本です。

各自治体に「人口ビジョン」をつくらせ、それを実現する戦略を考えさせるだけでは、自治体同士の人口争奪ゲームを起こして、足の引っ張り合いにならざるをえないのです。だとすれば、出生率を全体として底上げする国の政策がどうしても必要になるわけです。為替レートの問題もあって、ごくおおざっぱな計算しかできませんが、２００５年ごろのフランスの家族政策では、子ども３人の世帯の税の控除額は、日本の倍近くにのぼり、公立保育所・幼稚園の保育料は、子ども一人当たり約３万円でした。３万円というと日本の認可保育園の保育料と変わらないようにみえますが、保育コストの公費負担割合は80％です。子ども手当は子どもの数が増えるほど高くなり、第３子目から大きく増える仕組みになっています（藤井威「人口減少は国力の衰退」『月刊資本市場』２０１３年３月号）。

このように国が家族政策、福祉政策を行って出生率・子育て支援の全国的な底上げをはかり、これに地域レベルの「地域再生」政策が結びつくということにならないと、人口減少を緩和することはできないのだと思います。

日本の「地方創生」政策は、自治体に人口ビジョンや地方版総合戦略をつくって地方創生の努力をさせながら、いっぽうで「連携地方中枢都市圏」とか「定住自立圏」を設定して、そういうところに選択的・集中的に公共投資をつぎ込む。地域総合戦略の目標を達成できなかったり、連携中枢都市圏から外れた自治体は、人口が減って自治体が維持できなくてもやむを得ないという考え方に立っています。その行き着く先は、維持することが難しくなった自治体の廃止です。つまりまた市町村合併とか道州制の導入ということにならざるを得ません。

もちろん「地方創生」が簡単に市町村合併や道州制にはつながりにくい面もあります。というのは、平成の大合併が日本の行財政の起死回生策のようにいわれたのですが、市町村の数を１５００も減らしてしまった結果、農山村は役場がなくなり、役場で成り立っていたお店や食堂もやっていけなくなって暮らしの拠り所を失い、ゴーストタウンのようになってしまいました。行財政の合理化だけを考えていた政府・与党にとって、この町や村の寂れ、人口の激減は予想外だったようで、自民党のリーダーや総務省の官僚たちのなかに「合併やりすぎ論」がでてきて、地方交付税の復元が行われました（第3章参照）。

結果的に平成の合併は、間違いなく農山村の人口減少を加速させてしまったのです。数字ではわかっていたことですが、実際に急激な人口減少が進み始めると、実感としてこれは大変なことだということになってきました。合併の時期と人口減少時代の始まりが重なったのは不幸なめぐりあわせのようにも見えますが、実は平成の合併こそが、日本を人口減少社会に導いた政策ミスだったのではないでしょうか。

そうだとすれば、人口が減っているからといって、市町村合併や道州制を採用するということになると、ますます地域に自治体はなくなり、人を定住させる公共空間は減り、もちろん人口減少は進みます。ここに「地方創生」策の根本的ディレンマがあるのではないでしょうか。

## おわりに

第3章でみたように、「平成の合併」は地方の疲弊を加速し、その結果2007年参議院選挙、2009年総選挙と自民党は歴史的大敗を喫しました。こういう経緯があったため、いま与党の圧倒的優位の下でも「地方切り捨て」のようにみえる政策を、自民党は安易に打ち出せないのです。いっときあれだけ熱心だった道州制をはっきり打ち出さなかったのは、平成合併での地方切り捨て政策に痛烈なしっぺ返しをうけたからにほかなりません。そのため「地方創生」の名のもとに、自治体に自分の責任で地域戦略を考えさせ、交付金をだして実行させるという政策に転じたのだと思います。自民党にとって、道州制や新市町村合併へあえて突き進むかどうかは悩ましい問題です。

とはいえ、安倍政権はやはり道州制を射程に置いているようです。現に２０１６年の政府の骨太方針には、また道州制が姿を現しました。２００９年に流れた道州制基本法案に基づいて検討を進めるというのです。自民党の選挙公約にも道州制の検討という方針がはいりました。道州制はけっして消えたわけではありません。

半面、それをやったら、人口減少をいっそう急激に進めることになるでしょう。自民党のこのディレンマは、政策的なテクニックで簡単にのりこえられるものではありません。なんとしても人口減少・自治体の消滅を食い止めるために、国・自治体をあげた地域再生のための政策を行うのか、それとも生き残れるものだけを生き残らせるという考え方をとるのかが問われています。

いずれにしても、人口減少という新しい環境のもとで、自治体はいよいよ自らの知恵と政策、地域の資源を生かして内発的な発展を積み重ねながら、同時にいたずらに地域間競争や人口争奪競争を激化させない政策フレームを、地方から提案していくようなアプローチが求められているように思います。これもまた「地方自治の再発見」の一端ではないでしょうか。

# 終章　21世紀を生きる

## 『八月の砲声』

「戦争がヨーロッパ内の国境地帯全域に押しよせた。突然のことに度を失った各国政府は、もだえ、あがきながら、戦争から身をかわそうと努めたがどうにもならなかった。国境にひそんでいた諜報員たちは、騎兵斥候を見かけると、敵は相手国より先に動員を終えて展開にかかっていると報告した。

一刻の猶予も許さぬ時間表に煽り立てられた各国参謀本部は、敵に機先を制されてはたいへんと、コブシでテーブルをたたきながら発破をかけた。国の運命の最高責任者である各国の元首は戦争のせとぎわに立たされて愕然とし、後へ引こうとしたが、戦争のスケジュールは彼らを容赦なく力ずくで前方へひきずっていった」。

この文章は、ピュリッツァー賞を受賞した歴史作家、バーバラ・タックマンの『八月の砲声』の一節です（原著の公刊は1962年、邦訳はちくま学芸文庫）。「第1次世界大戦の原因」は、歴史家や国際政治学者の間で長く議論されてきたテーマですが、タックマンのこの本は、史料にもとづいて事実を丹念に積み上げると同時に、国際政治の舞台への登場人物たちが何を考え、どう行動したかをも描いた歴史ノンフィクションです。史実を掘り起こしてつないだこの本の記述から浮かび上がってくるのは、第1次大戦は、〝誰も望んだわけではないのに、みんなが引きずり込まれていった戦争〟だったという見方です。各国リーダーたちが誤った情報で動いたり、他国へ不適切なサインを送ったり、相手の真意を誤解したり、愛国主義的な激情にあおられたり、あおったりした、さまざまなミスや錯誤、行き違いが積み重なって、人類史上最初の全体戦争に導かれていったというのです。右に引用した一節などはこのことを端的に表現したくだりです（同書、上巻、165頁）。

この本が出版されたのは1962年でしたが、その年の秋、キューバ・ミサイル危機が起こります。革命の後、アメリカからの侵攻に脅かされていたキューバに、ソ連が核ミサイル基地建設の資材・兵器を送り、建設が進められていることがわかり、アメリカはカリブ海に封鎖線を張ってソ連の船団を阻止する一方、キューバへの侵攻・空爆も検討します。このまま いけば、核戦争という事態が起こったのです。アメリカ側では、当時の大統領J・F・ケネディや弟のロバート・ケネディ司法長官、ラスク国務長官、マクマナラ国防長官、テイラー統合参謀本部議長などがホワイト・ハウスのオペレーション・ルームで、刻一刻、変わっていく事態を眺めながら、それにどう対応するかを検討・議論し、13日間にわたって危機管理にあたりました。

この13日のことを、後にロバート・ケネディが回顧して、『13日間』という本（邦訳、中公文庫）を書き、これを下敷きに同名の映画がつくられました。映画の中でケネディらが交わす会話の中に、しばしば出てくるのがタックマンであり、『八月の砲声』なのです。彼らは、『八月の砲声』のストーリーを思い返しながら、第1次大戦のように、ミスや誤解や行き違いや興奮にもとづいて行動してはならないことを何度も確認しあいます。米ソ両政権は核戦争の危機という極限状況の中で、相手の脅威に屈して弱腰になったら国内で政権の体面・威信を失う。しかし核戦争が起こってしまったらどんなことになるかわからないというディレンマを共有しながら、とにかく相手がどう出てくるかわからないまま交渉する。一方で強腰で応酬しあいながら、他方で書簡を交換したり、代理人を通した本音の駆け引きをし、お互いに政権の顔が立ち、戦争にもならない道を探りあう。息詰まる国際政治サスペンスです。

結局、アメリカはキューバに侵攻しないことを約束するとともに、トルコにあった基地を撤去する。ソ連は、キューバ基地の建設をやめ、すでに配備していた核兵器を国連監視下で撤去するという妥協が成り立って、危機が回避されます。最初はお互いに相手の真意・事情が読めず、恐怖と疑心暗鬼に駆られるのですが、それでも細心の注意を払って交渉し、真意を読み合うことで危機が回避されたのです。

『八月の砲声』が描いた第1次大戦前のヨーロッパは、強国の勢力バランスによって戦争が防止されるという「勢力均衡」（バランス・オブ・パワー）の世界でした。その下でどの国の指導者も、できれば戦争はしたくなかったのですが、半面、民衆の間にも指導者の間にも、愛国主義・覇権主義的な感情が渦を巻いていました。そんななかで1914年、サラエボを訪問中のオーストリア皇位継承者フェルディナント大公がセルビア民族主義者の銃弾で命を落とすという事件が起きます。これによって、勢力均衡で危うく保たれていた平和が、堰を切ったようなナショナリズムの奔流によって吹き飛ばされるのです。各国の政治指導者や軍人たちは、愛国主義・帝国主義的な熱狂に押し流されて、冷静な判断やコミュニケーションができないままま、全体戦争への道をたどっていったというわけです。

タックマンが描いたこの第1次大戦の教訓が、キューバ危機におけるアメリカ側の指導者たちの思考に影を落としていたというのが、「13日間」の筋書きでした。細心の注意を払いながら危機回避に動くケネディ政権の姿は、いささか美化されすぎていますが、画面に姿をみせないソ連指導者の思考もある程度読み取れて、両者がなんとか理性を保ち、危機が回避されたことが伝わってきます。

キューバ危機以来、ホワイトハウスとクレムリンの間には「ホットライン」が設けられ、誤解やミスに基づく偶発的な戦争が起こらないような仕組みがつくられ、今日では各国首脳の電話会談が日常化しています。

ただ、問題はコミュニケーションのしくみではなく、国と国との間に理性的なコミュニケーションが成り立つ環境・ルール・思考の共通性があるのかどうかです。そういう意味では、今日の「何が起こるかわからない」時代の環境は、ただならぬ危うさをはらんでいるように思います。

## 『危機の20年』

今日の世界は、むしろ第2次世界大戦前に似ているのかもしれません。各国が望まなかった戦争に引きずり込まれていったというよりも、ナショナリズムと覇権志向をナチズム・ファシズム・天皇制軍国主義といった国家イデオロギーに集約させた国々が、意図的に他国・

他民族に侵攻したことによって起こったのが第2次大戦だったというイメージがあります。

第1次大戦の惨禍は、戦争を起こしてはならないという国際世論を生み、アメリカのウィルソン大統領などの提案を受けて、国際連盟がつくられ、ロカルノ条約（1925年）やパリ不戦条約（1928年）で、国際紛争を戦争によって解決してはならない。国際仲裁裁判所や国際連盟での話し合い、裁定で解決するというルールができます。とくに不戦条約は、他国領土への侵略は国際法上違法であるという規定を置いたのでした。侵略戦争は不正義・違法行為であり、それを起こした国の責任者は国際法によって裁かれるというルールです。

イギリスの歴史家E・H・カーは、『危機の20年』（邦訳、岩波文庫）という本で、第1次大戦後、国際政治を自国の利益と世界共通の利益とが一致しうる世界だと考える理想主義（ユートピアニズム）が姿を現した、といっています。それを体現したのが、ウッドロー・ウィルソンアメリカ大統領であり、国際連盟や不戦条約だったということになるでしょうか。第2次大戦後に行われたニュールンベルグ裁判や東京裁判では、ドイツや日本のリーダーたちが「戦犯」として裁かれました。侵略を禁じた不戦条約に基づいて、国際法上の犯罪として裁かれたのです。誰が悪いともいえない混乱の中で起こった第1次大戦とは違って、ドイツ、日本、イタリア（枢軸国）が、侵略を禁じた国際法に反して意図的に行った侵略戦争と解釈されたのです。

このように、ウィルソン的・英米的な観点から見ると、第1次大戦と第2次大戦とは、まったく違った性質を持った戦争だったのであり、戦争を引き起こした元凶は、非合理的な思想と強い覇権願望をもったヒトラー、ムッソリーニ、東条英機のような枢軸国指導者であったということになります。

そう考えながら今の世界を見渡すと、かつての枢軸国指導者たちにかなり似たタイプの「何をするかわからない」、それも他人の言うことに耳を貸さず、「確信犯的」に無茶をしそうなリーダーが結構大勢いて、第2次大戦前の「いつか来た道」の記憶を彷彿させるところがあるような気がします。

たしかに、第2次大戦には第1次大戦とは違う面があったのだと思いますが、他方で戦争について回る共通の性質もあったのではないでしょうか。つまり、戦争という「賭け」に出ようかという政治指導者には、タックマンが言ったような、誤解やサイン・ミス、思い込み、妄想などのリスクがどうしてもついて回るのだと思います。たとえば太平洋戦争の開戦を決めた日本の指導者たちは、アメリカとの圧倒的な武力、経済力の差を知りながら戦争への道を選びました。ABCD包囲網で石油の供給を断たれ、産油地域を確保しようとしたためか、戦闘機・爆撃機を搭載した大戦艦の威力を過信したからか、それとも国民に植え付けた神国思想にリーダーたち自らが煽《あお》られたのか、とにかく国全体が民族主義的・覇権主義的な興奮に駆り立てられたかのように、戦争への道に迷い込んだわけです。もう少し合理的に考えることができれば、日米開戦は避けられたのだろうと思いますが、そういう思考の回路が働かない政治のメカニズムになっていたのでしょう。こういう面では第1次大戦に「ひきずりこまれた」参戦国に通じる要素もあったのではないかと思います。

今の世界の大国、核保有国、宗教国家のリーダーたちも、タックマンを読まないまでも、せめてケネディ、フルシチョフくらいのレベルのコミュニケーション能力を持ち、「ゲームのルール」を作ってくれるといいのですが、そうならないとしたら結局は国民の民主的影響力を発揮するしかありません。

話を『危機の20年』に戻します。E・H・カーは、はじめは、ウィルソンが体現した理想主義的な国際主義には懐疑的で、国際政治を道義や理想の目で見ることには無理があり、各国は自国の利益のために力で争うのだというリアリズム（現実主義）の見方に傾いていたようです。第1次大戦の戦勝国が、国際主義の理想を掲げながら敗戦国ドイツやイタリアに過酷な賠償を強いたように、理想主義には非現実性と偽善が付きまとっていると見ていたのでしょう。他方、彼はしだいにリアリズムにも限界があると考え、政治というものはどこかで現実的でないかもしれない目標を実現しようとする理想や心情が働かないと、力で争い、強者が弱者を支配する現実を変革することはできないとも述べています。このように、理想主義と現実主義両方の視点からの考え方を交わらせ、使い分けながら国際政治を考えるアプローチを示したことによってE・H・カーは、歴史家であるだけでなく、国際政治学の開拓者としても名を残しました。

戦争と平和が目まぐるしく入り混じり、理想主義な平和志向と現実主義的な権力志向がせめぎ合った「危機の20年」を背景に、カーは、一筋縄ではいかない国際政治という世界を見ていたのだと思います。

このカーのメッセージも、21世紀を生きるわれわれに対する重要なアドバイスだと思います。

## 『ブッシュの戦争』

時代は大きく飛びますが、もう一つ、われわれが21世紀を生きるためのヒントを与えてくれそうな文献を見ておきます。ボブ・ウッドワード『ブッシュの戦争』（日本経済新聞社）です。ウッドワードといえば、カール・バーンスタインとともに、ウォーターゲート事件をスクープして『大統領の陰謀』を書いた『ワシントン・ポスト』の記者として名を知られています。映画『大統領の陰謀』で、ロバート・レッドフォードが演じた人物です。そのウッドワードが、アメリカをイラク戦争に導いたジョージ・ブッシュ・ジュニア政権の9・11からイラク戦争に至るまでを描いたノン・フィクションが『ブッシュの戦争』です。タックマンの『八月の砲声』は史料を積み上げた歴史ノン・フィクションでしたが、ウッドワードのこの本は、ほとんどリアルタイムでの関係者へのインタビューなどを踏まえて書かれたルポルタージュです。

9・11テロは、本土への軍事的攻撃を受けたことのないアメリカにとっては、悪夢であり、惨禍であり、非劇でした。それだけに、恐怖、トラウマ、悲しみや怒りが、尾を引きました。私は、2002年にニューヨークに調査のために行きましたが、すでにイラク戦争への動きが始まっており、空港はもちろん官公庁の建物もすべて、爆発物・金属探知機が設置され、入口で訪問先の確認を取ったうえで、写真を撮られ、IDを胸にぶら下げてでなければ入れませんでした。テロへの憤りが街に漂い、友人とレストランでイラク戦争について話していて、私がついこの戦争に対する疑問めいたことを話したら、友人が周りを見回して「もっと小さな声で」と注意するくらい、「9・11」を背景にした愛国主義の空気が立ち込めていたのを覚えています。

ウッドワードの本は、9・11からイラク戦争までのブッシュ政権の動き、とくに、対イラク強硬派・単独行動主義のチェイニー副大統領、ラムズフェルド国防長官と、対イラク慎重派・多国間主義のパウウェル国務長官との、ライス安全保障担当特別補佐官をはさんだ政権内部の考え方の違い、軋轢《あつれき》を引きずりながら、ブッシュ政権が戦争へ突き進んでいったいきさつを描いています。その一節を紹介します。

ウッドワードが、ライスの同席のもとで行ったブッシュへのインタビューのくだりです。

「『悪意の声を聞きたいなら、単独行動主義という言葉に耳を傾けることだ。

これこそ悪意だ。われわれのことを悪くいいたいものはこういうだろう。〝ブッシュは単独行動主義者だ。アメリカは自国のことしか考えない〟いや、笑えるじゃないか』。

（中略）

ブッシュは、同意が争点ではないといった。私は次の言葉が気宇壮大なのに驚いた。

『武力及び武力の行使について、われわれはすべての方面の合意を求めるつもりはない』。ブッシュはそう断言し、危険なならず者国家に対処するには、多くの国々の連合や国連は見込みのある方法ではない可能性が高いとほのめかした。『だが、有益な結果をもたらすような行動―自信に裏打ちされた行動は、その勢いによって二の足を踏んでいた国家や指導者を従わせ、平和にと向かう前向きな動きが生まれたのを示すことができる』」。

「インタビューのあいだ、『私は教科書通りにやる人間ではない。直感で動く人間なんだ』という発言を含め、ブッシュは十数回にわたり、自分の〝直感〟や〝直感に従った〟行動のことを口にした。政治家、大統領、最高司令官であるブッシュの役割が、自分の直観＝自然のままに出てくる結論や判断＝への信仰を原動力としていることは明白だった」（『ブッシュの戦争』451〜452頁）。

以上、イラク、北朝鮮、イランを「悪の枢軸」と呼んだブッシュ・ジュニア大統領への2002年夏のウッドワードのインタビュー記録です。

なんとなく、いまのトランプ大統領に重なってくるイメージが感じられないでしょうか。直感には思い込みが付きまといます。思い込みは、妄想や偏見、事実誤認につながります。まさに、『八月の砲声』の世界ではないでしょうか。イラク戦争が核戦争でなかったのは幸いでした。しかしいまや、トランプと金正恩《キムジョンウン》は、お互いに核兵器とICBMを持ち合って、ホットラインも共通のルールもない、チキン・ゲームをしているようにさえみえます。

タックマンやカー、ウッドワードのメッセージが十分聞こえないまま、われわれは、21世紀の「何が起こるかわからない時代」を生きているのでしょうか。

平和は、何にもまして重要な国際公益です。しかし、第2章で述べたように、それを守る世界政府のような確かな公共団体はありません。かつての国際連盟と同じように、国連の機能は弱まっており、アメリカの単独行動主義が罷《まか》り通っています。その単独行動が、ウッドワードが描いたように「直感」にもとづいて行われているとすれば、なんとも恐ろしいことではないでしょうか。最近になって、危機はアメリカや日本で国家の求心力を強めるための演出だという説が出ています。もしもそうだとしたら、その演出がとんでもない結果を生み出してしまう危険についてもよほど考えてみる必要があると思います。

## 政治・経済単位の拡大と分解——もう一度「地方自治」再発見

私がE・H・カーの『危機の20年』を読んだのは大学3年生の時でした。国際政治論の講義の参考書として紹介されたので読んだのです。そのときは理想主義―現実主義の話しか頭に入っていなかったのですが、今回読み直してみて、カーが「権力単位」という問題を考えていたことに気づきました。第2章で書いた社会空間・公共空間の話に通じる問題です。

戦間期、危機の20年を眺めながらカーは、地球上で争いあっている権力単位は主権国家であるが、それは「軍事的・経済的な近代技術が権力と領土を固く結びつけてしまった」（前掲訳書、431頁）結果であって、国境という境界線が今日ほど冷酷に押し付けられることは以前にはなかった、といっています。

しかし、カーはこうも言います。主権国家は、たぶんすでにその権力単位としての性質を弱めているのかもしれない。一方で経済的単位は、どんどん拡大している。自給自足圏を求めるならば、単位はますます大規模なものにならざるをえないことは、20世紀になって大国がその周りに勢力圏・ブロックをつくってきた動きにあらわれている。

しかし他方、権力単位（社会・公共空間）の拡大は、ある限界を超えると逆に分解傾向を呼び起こす。カーは「政治的・経済的単位の規模を決める条件を明らかにするには、さらに長期にわたる検討が必要」だが、将来は「主権の概念は現在よりも恐らく不鮮明かつ曖昧にさえなるだろう」（前掲訳書、434～5頁）ともいっています。

これは本書の第2章で考えた「社会空間のスクランブル」の問題と重なってきます。統治・自治の区域が一方では拡大し、他方では縮小して多層化する。都市化・グローバル化や交通通信技術の発達が政治・経済空間を伸縮させていて、21世紀の政治・行政区域は多層化せざるをえず、その多層空間を柔軟かつ民主的に運営する制度が必要だということを述べました。カーは同じことをすでに第2次大戦中から戦後にかけて書いたこの本で論じていたのではないでしょうか。

勢力圏やブロックという形をとった「権力単位の拡大」は、ストレートにではありませんが、グローバル化やEU型地域統合体、広域圏（リージョン）の形成に通じ、「権力単位の分解」は、近接自治圏、基礎自治体の形成や、マルタ、キプロスなど旧植民地の独立、バミューダ、ジブラルタル、スコットランドなどの準国家的な自己決定権獲得などに通じます（加茂利男「沖縄・自治モデルの選択」宮本憲一・佐々木雅幸編『沖縄・21世紀への挑戦』岩波書店、参照）。カーは、第2次大戦後に起こる植民地の独立や自治権領化などの脱植民地主義（ポスト・コロニアリズム）の流れを予見していたかのように、これらも「権力単位の分解」だとしているのです。こうしてできる新しい政治・経済空間は、果たして「主権」をもっているといえるのか、という問いを立てたうえで、カーは、「主権」というレッテルは、もう明確な指標としての機能を果しえなくなった。つまり主権という概念は、もう相対的な意味でしか使えないといっていいます。これは少し先走りすぎた見解かもしれません。今日のように国際的な緊張が高まると、やはり「主権」が出てきます。しかし、いまや領土問題一つをとってみても、「主権」を主張し合うだけでは紛争を増すだけで、何も解決しない世界になっていることも事実です。というわけで、権力単位、社会空間の問題は、解決されないまま21世紀へつながっているわけです。

## 対話デモクラシー

21世紀の世界は文字通り不安と混迷に満ちています。E・H・カーのいうリアリストの目で見ると、力と力、憎しみと憎しみ、感情と感情の衝突が、破滅への道を指し示しているようにさえ思えます。とくにトランプ対金正恩の脅迫ゲームなどを見ていると、また現実逃避になって逃げだしたくなります。

しかし逃げ出すわけにはいきません。不安と混迷を生きるしかないのだと思います。それも不安な現実から目をそむけて生きるのではなく、それを凝視し、理想や道義の感覚で現実を変えながら、生きるつもりになる必要がありそうです。カーが、現実を変えるには、理想主義の力も必要なのだともいっているのは、そういう意味だと思います。

絶望・虚無と希望・理想のはざまを生きるしかないのが21世紀という時代なのでしょう。理想や道義は死に絶えたわけではないようです。

たとえば、2015年、チュニジアの「国民対話カルテット」がノーベル平和賞を受賞しました。内戦やテロに覆われているように見えるアラブ世界の中で、チュニジアでは、旧政権が倒れた後、「労働総同盟」、「経営者連合会」、「人権擁護連盟」、「法律家協会」という4つの全国団体が、与野党に対話を呼びかけ、いろいろな困難を乗り越えて、対話を積み重ねた結果、大連立の政権が生まれて新しい憲法が制定されました。暴力・内戦によらず新しい政府が樹立されたのです。チュニジアではその後もイスラム国が関与したテロ事件が起こってはいますが、対話による政治の実験が国際的に高く評価されたことは大変重要な出来事だったと私は思います。

２０１５年、パリ同時多発テロで愛する妻を失った夫が、次のような言葉をフェイスブックに投稿したそうです。

「君たちに私の憎しみはあげない。金曜の夜、君たちは素晴らしい人の命を奪った。私の最愛の人であり、息子の母親だった。でも君たちを憎むつもりはない。君たちは、神の名において無差別な殺戮をした。決して君たちに憎しみという贈り物はあげない。君たちの望み通りに怒りで応じることは、君たちと同じ無知に屈することになる」（『朝日新聞デジタル』２０１５年11月20日）。

２０１６年7月26日、フランス、ルーアン市近郊の小さな町で、テロリストがカソリック教会のミサを襲い、司祭を含む2人を殺しました。5日後の31日、フランス各地のカソリック教会で、追悼のミサが行われましたが、注目に値するのは、このミサに各地で多くのイスラム教徒が出席したことです。イスラム教徒がキリスト教の教会に足を踏み入れることはありえないのですが、そのありえないことが起こったのです。イスラム教徒の中にも、イスラムの教えはテロを容認しないとする機運が生まれてきたのでしょうか。

やはりもう一つの意味でも、「何が起こるかわからない」時代です。

人間同士の信頼や道義が際限もなく引き裂かれているように見えるのですが、だからこそ失われつつある対話や赦《ゆる》し、協力を求める人々の気持ちが静かに広がってもいるのではないでしょうか。

キューバ危機を救う力になったのは、危機のさなかでの対話と相手への理解、世界共通の利益への責任感でした。今の世界に足りないのは、この対話、コミュニケーションです。

安倍首相は、最近、ロンドンでの記者会見で、「対話のための対話は何の解決にもつながらない」と述べたそうです。これは、もはや力と威嚇によらなければ北朝鮮問題は解決できないといっているように聞こえます。このように対話の道を排除し、選択肢を狭める発言を日本の首相が簡単にしてよいものでしょうか。

対話の文化をつくるいちばん基本的な社会的ベースは、地域社会・コミュニティです。対話して合意をつくることを学ぶのが地方自治というしくみです。合意はつくれなくても、相手の言い分を理解することができれば、妥協・和解は可能です。地方自治が民主主義の小学校だといった、A・ド・トクヴィルやJ・ブライスの考えを、われわれはいま改めて追体験する必要があるようです。

いま、軍事だけは国家主権の領域として、対内的な「最高性」をかえって強め、機密保護というコミュニケーション封鎖装置によって、対話のチャンネルから遮断され独り歩きしています。

核兵器を持ち機密に閉ざされた大国の軍事行動を、「対話」でコントロールするなどというのは、夢物語かも知れません。しかし大国のパワーも人間がつくったものである以上、人間の力で抑制できるはずではないでしょうか。

現に１９８０年代には、米ソの核軍拡競争を反核市民運動がストップさせたことがあります。

米ソ両大国が、人類を何回となく絶滅させることができるほどの核兵器を持ち合ったために、先制核攻撃をすると報復攻撃を受けてどちらも破滅するので、攻撃できないという（「相互確証破壊」）のが、「核抑止」の論理でした。ところが、70年代後半以降、両大国でともに衛星探査技術と命中精度の高いミサイル誘導技術、ミサイル防衛システムの開発などが進められたため、先制攻撃は可能かもしれないという「先制核攻撃症候群」の状態が生まれました。これに対してソ連の中距離ミサイルの標的とされた西ヨーロッパ諸国で、反核市民運動が起こり、それがアメリカや日本にも波及しました。ＭＩＲＶ（多弾頭）型ミサイルとか、「核の冬」（核爆発が起こす気候変動による地球の寒冷化）などのことを市民が知ることで、反核運動が大きく盛り上がったのです。こうした市民運動と軍事費の財政的負担の重荷が両大国の対話を促し、ソ連のゴルバチョフ大統領の登場と「ペレストロイカ」（「改革」）政策、１９８９年のマルタ米ソ首脳会談での冷戦終結を誘発したのでした。

今日の核戦争の危機はアジアを焦点に起こっていますが、中国やロシア、ノルウェーなどを仲立ちにした間接的な対話のチャンネルがどうにか機能しはじめ、核保有国同士の対立を抑制する方策が模索されてはいます。１９８０年代と違うのは、市民運動が盛り上がっていないことです。それだけ今日の世界は、複雑に分裂し交錯する国やグループから成っており、情報も錯綜して市民運動が国境を超えて一つの方向にまとまりにくいということなのでしょうか。あるいは、ポピュリズムの政治やテロ、移民排斥運動などで市民社会そのものが分裂し、デモクラシーが機能しにくくなっている面もあるのかもしれません。

80年代の米ソは、東西両陣営を仕切る大国であったために、却《かえ》って単独行動主義で動くことには慎重にならざるを得なかったのでしょうが、いまは大国が陣営を仕切る体制ではなく、さまざまな規模・立場の国々が単独行動に走りやすい環境にあります。しかし、そうであればこそ、核保有国に単独行動の自制を求めるメッセージを発する市民運動が起こってもよいのではないでしょうか。

コミュニティから積み上げられる対話のチャンネルを、軍事を含めた国家や世界につないでいく営みが、21世紀の地方自治であり、民主主義ではないか。私はそう思います。最近の国会を見ていると、安倍首相の「対話のための対話は解決につながらない」という発言そのままに、ろくな議論もないまま「２０２０年改憲」に向かって突っ走っているようにみえます。いよいよ「何が起こるかわからない時代」をわれわれは生きているのだということを実感せざるを得ません。

## 《補遺》講演・地方自治と私

ここに掲載したのは、私が日本地方自治学会の２００８年度総会で行った講演の記録です。『変革の中の地方自治』（敬文堂・地方自治叢書22、２０１１年）に収められたものです。字体を統一したこと、一部不要な記述を削除したこと、段落を増やしたこと、書誌情報や人物情報を補足したこと以外は、ほとんど元のまま、再録させていただきました。

### はじめに

「地方自治と私」というこの講演シリーズは、たしかいちばん最初は阿利莫二先生が話されたのではなかったかと記憶しております。爾来《じらい》、戦後日本の地方自治と地方自治研究に大きな足跡を残してこられた先達・先輩の先生方が、この演壇に立ってこられたのですが、それがとうとう私にまで回ってきたわけです。このあたりから年齢がだいぶ下がり、ジェネレーションも変わります。なにしろ私は昭和20年生まれですので、これまでこの演壇に立たれた先生方と比べると、ちょっと見てきたものが違う。地方自治とのかかわりが比較的新しいことが多く、存在感もだいぶ軽くなります。

たしか、水口（憲人）さんが事務局担当理事だったころは、「この講演は大物の先生がひととおり終わったらやめようや」、ということになっていたという記憶がありまして、今回企画委員会から依頼が来たとき、水口君に「なんでまだやってるんだ」と聞きましたら、彼がいうのには「いや、最初のころはタイトルが『私と地方自治』で、『私』つまり一人称単数の講演者の存在感に重きをおいていたけれども、いつもそうは行かないだろうというので、「地方自治と私」にタイトルを変えた。だからあんたが阿利（莫二）先生や柴田徳衛、宮本憲一、佐藤竺先生などと同じように、一人称単数でがんばる必要はないので、軽い気持ちでやれ」といわれました。というわけで、納得させられたような、ごまかされたような、なにか水口マジックにかけられたような感じでここに立っているわけです。

ちょっと思いついたのですが、ひところ「語り継ぐ昭和史」という雑誌の連載でしたか、本でしたかがあったことを覚えていますが、この講演シリーズもさしずめ「語り継ぐ戦後地方自治」というリレー・トークとしてつづけたらどうかと思います。さしずめ、その一回分を受け持つようなつもりで今日は話させていただこうと思います。

話の組み立てとしては、私が関与したり研究してきた地方自治に関する出来事やテーマを、だいたい時間軸に沿って並べ、今日的視点から考えなおしていくような恰好にできればと思っております。ではレジュメに沿って最初の話題からはじめます。

## 「研究者たちの夏」としての1970年代

正直なところ私は自分が地方自治研究者であるという自覚をあまりもったことがありません。実は昨年40年勤めた大阪市立大学を去るにあたって退任記念講演というのをやりました。これは大阪市大法学部の紀要にのせてもらっておりますが、後から気づいたら、そのなかで自分の地方自治研究についてはまったく言及しておりませんでした。ほとんどが政治学と都市研究のことばかりだったのです。この講演録の抜き刷りを宮本憲一先生に送りましたら、「大阪の地域開発研究や関一《せきはじめ》研究のことが抜けてるのは残念だな」と、いくらか不満げな感想をいただいてしまいました。退職記念の講演は時間が今日よりだいぶ短くて、地方自治の部分ことはカットせざるをえなかった面もあったのですが、とはいえほかならぬ地方自治の部分をカットしたところに、私の地方自治研究者としての自覚の薄さがでています。でももちろん、私の学問と言うか人生そのものの中で地方自治はけっして簡単にカットできるようなマイナーな部分ではありませんでした。

私が研究者になってまもなく、大学紛争を経て革新自治体や住民運動の時代がやってきました。その時代の波のなかで、宮本先生に声をかけられて、大阪における地方自治の転機になった堺泉北臨海工業地帯の開発に関する共同研究に加えていただいて、『大都市とコンビナート』（筑摩書房）と言う本の一部を書きました。この当時は大阪市大の宮本門下にあまり柄は良くないけれども、個性的で馬力のある研究者が集まっており、私のように直接宮本ゼミではなかったものも加わって、「官僚たちの夏」ならぬ「研究者たちの夏」という雰囲気をかもしだしていました。

宮本先生もまだお若かったのですが、要所要所で調査の戦略や理論的な分析方法についておそらく先生自身の研究戦略にもとづく、重たくてシャープな方向付けをされ、若手のほうはそのすべてを聞かないうちに走り出すという具合でした。行政・経済界から地域リーダーや公害病患者まで、数えきれない人たちの話を聞き、計画書や議会記録などの資料をいやというほど読みました。私にとって一番勉強になったのはなによりも研究会での議論でした。地域研究のトレーニングを受けていなかった私には最初はよく飲み込めなかったのですが、日本全体の高度成長のエンジンを始動させた大都市部での重化学工業の拠点開発を、その開発がおこなわれた地域を切り取ってそのなかで調べる。そういう方法をとることでみえてくるものがあったのですね。

たとえば、新たに作られた工業地帯に製鉄や石油精製、石油化学のような素材産業が立地したのですが、はたしてこれが大阪在来の加工工業とどういう関係になっていたのか、つながっていたのかどうかを調べました。その結果、実はここで作られた素材の多くが京浜など他地域で加工されていることを突き止め、地域内の産業連関は密でなく、結果的にこの開発は大阪に自動車や機械など加工度の高い工業を育てなかったこと、これがのちにつながる大阪経済の地盤沈下の原因になったのではないかという分析を、私たちというか、主としていま横浜国大（現在は龍谷大）にいる中村剛治郎さんがいたしました。最近はマーシャルの「産業の森」という概念をつかって地域の産業集積を論じるのがはやりのようですが、さしずめ大阪の「産業の森」は浅く狭い森だったということでしょうか。

それからまた、社会的費用論という観点から、白砂青松の海岸を壊して鉄とコンクリートの工業地帯を作ったことで得た経済的利益と被った環境、健康、景観などの損失を比較衡量する分析をしてみて、これがそれこそ費用対効果があまりに低い開発だったことも明らかにした。これは今日も会場におられる遠藤宏一さんの仕事でした。これらはいずれも総資本対総労働というような階級論的な分析だけでは分からない、地域研究の方法が生み出した成果で、私などは眼からウロコが落ちる思いがいたしました。

私にとっては革新自治体時代というのは、なによりもあの「研究者たちの夏」であり、その感触こそが1970年代の記憶であります。よく革新自治体の総括はまだ終わっていない、といわれます。じっさいそのとおりなのでしょうが、私などはなにか総括してしまうのがちょっともったいない気もいたします。

いずれにせよ私が新しい地方自治の時代の波のなかで研究者になったことはまぎれもありませんで、そのためにわたしのなかで地方自治との関わりは、ほとんど日常化されてしまって、却って意識しなくなったのかもしれません。

## 地域運動の質的変化と分権改革前史

私はその後2年ほどニューヨークへ留学しましたが、帰ってきてみたら革新自治体の時代は終わって、行政改革の時代が始まろうとしておりました。なぜあの住民運動の潮は引いてしまったのかという疑問もあって、80年代には地方自治をめぐる社会運動の参与観察みたいなことをずいぶんやりました。

そのなかで私は、70年代までの住民運動や労働運動は、松下圭一先生がよく言われたように、たぶんにモノとりというか利益獲得の運動で、その限界が出たのではないか。80年代はもう少し自己実現的・価値追求的な市民運動がでてきて、いわば闘争型の運動から、創造型の運動に変わっていくのではないかと考え始めました。政治学でいう物質主義から脱物質主義への価値変化（イングルハート）ですね。

そこで私は都市では生活協同組合や文化運動、まちづくり運動、農山村では当時広がっていた村おこし・地域づくりの運動に関心を持ち、学外では大阪都市環境会議という市民運動に参加したり文化運動の人たちと一緒に研究会をやって『文化協働の時代を拓く』（都市文化社）などという本を宮本先生や木津川計さんなどといっしょにつくりました。大学ではゼミの学生たちと一緒に広島の「過疎を逆手に取る会」や神戸の「真野まちづくり運動」、富野市長時代の逗子市の「池子を守る運動」などを現地で調べたりしました。1987年に、地方自治学会と並行して始まった自治体学会の第2回総会で「生活圏デモクラシーのすすめ」という報告をしたのは、こうした研究の一つの結節点でした。

いま思うと、こういう研究の背景にはニューヨークでみてきたコミュニティー・ボードという近隣政府的な組織のイメージが強く作用していたとおもいます。ニューヨーク市は、1975年に市のチャーターを改正してコミュニティー・ボードという住民の地区委員会を制度化し、土地利用の変更や地区ごとの予算編成に対する住民の意見の表明を公式に認め、尊重する仕組みをつくったのですが、こういう改革は大都市における分権化（decentralization）の改革だとチャーターでも明示的にうたわれていました。また同じ１９７５年、イタリアでも分権法といわれる国の法律で、一定規模以上の人口をもつコムーネでは人口５０００人程度の地区ごとに住民代表の評議会が置かれ、評議会が地区計画をつくって土地利用を規制したり、文化や教育などの自治活動をおこなう機能を持つようになりました。

つまり、70年代はアメリカやヨーロッパでは分権と参加の改革、いまでいう都市内分権がすすんだ時代で、分権という言葉、分権改革の流れは、本来はここから始まったのではないかと私は思っています。それが90年代の地方分権改革になると、参加が抜けて規制緩和や民営化とセットの分権になったわけですが、そのあたりのところはまた後ほど申し上げます。

## 『関一日記』との格闘

次のトピックに移ります。80年代は半面、私が柄にもなく歴史資料を探したり読んだりして都市史・地方自治史の実証的な研究をした時期でもありました。宮本先生がよく書いておられますが、数年前に『主体としての都市―関一《せきはじめ》と近代大阪の再構築』という本を出したジェフリー・ヘインズと言うアメリカ人の研究生が、突如大阪市大にやってきて、「関一をテーマに博士論文を書く」と宣言したので、大阪の歴史学者や都市研究者は一大ショックを受けました。これも宮本先生の名言ですが「黒船の襲来だ」というので、あわてて大阪側でも関の研究をやろうというので、「関一研究会」をつくり、私がその事務局をやることになりました。

今思えば、実はこれが大ごとの始まりだったのです。宮本先生にいわれて関一のご遺族に連絡を取り、「なにか関さんが残されたメモや日記なんか残ってないでしょうか」、と聞いたら、電話に出られた関一のお孫さんの淳一さん（ご存知のように去年まで大阪市長を務められた方ですが）が、「なんか爺さんの書類がダンボールに入って残ってますよ。見にこられますか」といわれて、みんなで行ってみたら、のちに『関一日記』という本のもとになった備忘録などの資料が出てきてしまったのです。「出てきてしまった」という言い方は、思わず私の気持ちが出た表現ですが、要するに他のメンバーは資料の発見を素直に喜んで興奮していたのですが、私は研究会の事務局長でしたので、たまたま発見したこの資料を管理し整理し、世に出す作業をやらなければいけなくなったことに逸早く気づき、エライことになったと思ったわけです。帰り道ではかなり気が重くなっていたのですが、結局それから足掛け5年、関の資料と付き合いました。

文書読みを得意とする歴史家は研究会の中に一杯いましたが、私はその人たちの手配師になって解読のための研究会を月に1、2回ずっとやったのですが、手配師である以上、私も毎回出席して作業に参加する羽目になりました。自分の人生設計にまったくはいっていなかった大きくしんどい仕事を背負い込んでしまったのです。

これは告白ですが、私はこのときの経験から、歴史研究だけは二度とやるまいと決心いたしました。何しろ間尺に会わないというか、費用対効果が低すぎるのです。関一は偉い学者だった人で日記にも福田徳三や後藤新平、床次竹二郎、村田省三、岡実などなど、錚々《そうそう》たる政官財界、言論界の大物も出てくるのですが、他方、大阪市長としては市会議員や市職員、地域や業界のボスなどとも付き合いがあって、そういう人たちも出てくる。日記に「福田君」などという性だけの呼称ででてくる個々の人物を、これはだれかと識別して人名索引をつくらないといけないのですが、なにしろ得体の知れない人が一杯出てくるのですから大変です。戦前の議員名簿や職員名簿は言うに及ばず、紳士録から果ては電話帳まで動員して調べるのですが、数人で丸1日かかって、ようやく一人の登場人物の正体しかわからなかったこともあります。「歴史家はエライ」けど「歴史研究は体に悪い」と骨身に徹して教えられた感じでした。

歴史家の方々のおかげで丸4年かかって、とにかく『関一日記』が東大出版会から刊行されました。仕事がしんどかった分、大きな達成感を持つことができたことはいうまでもありません。『関一日記』を私の業績リストに入れるのはまったく僭越・不遜ですが、間違いなく時間と労力だけは大量に使いましたので、一応いれさせてもらっております。

## 「都市自由主義」と革新自治体

ところでこの関一《せきはじめ》研究は、今から思うと革新自治体の再検討とつながっていたように思います。柴田徳衛先生や松下圭一先生は、早くから優れた都市政策家としての関一に注目されて言及されていましたが、これはお二人が地方自治や都市政策の現場近くで研究されていたことと無縁ではないと思います。日本の地方自治史や都市政策史のなかに、革新自治体の後にも生かせる遺産があることをお二人は見ぬいておられたのではないでしょうか。

ちょっと話が変わりますが、最近、甲南大学（現在、成蹊大学）の西山隆行さんの『アメリカ型福祉国家と都市政治―ニューヨークにおけるアーバン・リベラリズムの展開』（東京大学出版会）という本が出ました。これはニューヨークのアルフレッド・スミス、フィオレロ・ラガーディア、ジョン・リンゼーらのリベラルな改革主義市政の歴史を「アーバン・リベラリズム」（都市自由主義）という名称で呼び、福祉国家型都市政治の一時代があったことを明らかにしていた力作です。関一の市政はこうしたアーバン・リベラリズムと時代的にも内容的にもかなり照応していると思うのですが、別の見方をすると、これは日本における革新自治体の先行形態だったと言ってもよいとおもいます。

ここからは私ごとの愚痴で恐縮ですが、じつのところ私は西山さんの本を見るたびに痛恨の思いをしています。というのは30年前のニューヨーク留学時代に「アーバン・リベラリズムの興隆」というサブタイトルのついたロバート・ワグナー上院議員の大部の伝記をはじめ、ラガーディアやスミス、ロバート・モーゼスなど、20世紀ニューヨーク市政史に登場する人々のことを描いた本や資料をグリニッジ・ビレッジのストランドという大きな古本屋で相当数見つけて買ってまいりました。老後はこれをつかって「都市自由主義とその時代」という本を書こうと思い、すでにこのタイトルでお披露目的な論文も一本書いております。ところが次から次へ押し寄せる注文生産的な仕事に流されているうちに、西山さんに先に本を書かれてしまったのです。

話のレベルが下がりますが、私はモノを食べるときに、いちばんすきなものを最後までとっておいて最後にゆっくり食べるというタイプのイジマシイ人間であります。きっとこの中にもそういう人がいらっしゃるはずでご理解いただけるでしょうが、これと同じように、私は都市自由主義はオイシイ仕事できっとほかの人はこのテーマに気づいていないだろうから、楽しみにとっておこう、私の研究の集大成として都市自由主義の名をつけた今世紀ニューヨーク市政史を書こうと思っていたのに、トンビにあぶらげで、西山さんにやられちゃったのです。自分の怠慢のせいに違いないのですが、なんとも悔しくて、なにかやれないかと作戦を考えあぐねているところです。

それはともかく、西山さんの本も描いていますように、福祉国家と重なりあうように形成された社会改良主義的都市政策の流れの中に、早くはイギリスのジョセフ・チェンバレンやシドニー・ウェッブから、アメリカのトム・ジョンソン、ラガーディアやリンゼー、そして日本の関から飛鳥田、美濃部・黒田・蜷川にいたる革新自治体の都市政策をおいてみることができるのではないかと思っています。そういう意味でも革新自治体は、けっして間違って生まれてしまった逸脱現象などではない、20世紀の都市政策や地方自治の精髄だったのではないでしょうか。

いずれにせよ、私の中で関一が、ニューヨークや革新自治体とつながったわけで、これは体に悪い歴史研究をやったご褒美みたいなものでした。

## 分権改革の時代

ここで話をもう一度分権改革に戻します。ただし今度の分権改革は主として国から地方への団体自治レベルの分権で、70年代の市民の参加や自治を組み込む都市内分権とは文脈が異なる。そこが考えどころです。

私から見るとまず重要だったのは、1980年代の初めからスタートした北欧諸国のフリーコミューン政策でした。福祉国家の危機を公共部門の膨張のせいだと考えて、民営化を進めた英米などに対して、北欧諸国は公共部門の不効率をただすために公共サービスを住民に近づけようというので、自治体への事務委譲と国の規制、日本流に言えば関与の縮減を進めたわけです。当時はサッチャー批判の雰囲気もあって、イギリスの民営化政策はヨーロッパでは異端なんだということを書いた本がイギリスでもスウェーデンでも何冊も出ております。いずれにしてもこれは、そのものズバリ、中央から地方への分権だったわけですね。80年代にはアジアでも、フィリピンやタイ、韓国などで民主革命が連鎖反応的におこりましたが、こうした変革はすべて地方分権改革につながりました。

とくにフィリピンでは、87年のアキノ憲法に地方自治の原則とともに地方分権のプログラムが書き込まれ、91年には分権改革を方向付けた地方自治法ができます。私は、科学研究費の国際学術研究で、フィリピンを訪れ、分権改革をリードしたラモスボーイズといわれる若手の官僚や学者の話を聴いて、半分危なっかしく思いながら半分胸を熱くしたのを覚えております。実際には、まだ国レベルの行財政も成熟していない中で、国家公務員の4割も地方に移すというラディカルな分権改革をやったために、いろいろ問題を引き起こすのですが、とにかくこの分権改革は民主化の理想が織り込まれた改革だったと思います。こうした世界的な分権改革の波と交錯《こうさく》しながら日本でも地方分権が言われ始め、90年代以降地方分権改革の波が訪れたわけです。

ところが日本でのこの分権改革は、10年前の市民参加型都市内分権とはずいぶん文脈のちがったものになったように思います。オピニオンリーダーの中に、市民派の知識人もいましたが、瀬島隆三さんや鈴木永治、宇野収さん、諸井虔さんをはじめ、経済界の大物がずらっと顔をそろえ、細川護熙さんや岩国哲人さんなど自治体の首長だった政治家もおられた。改革論議の舞台もはじめは第二次、第三次の行革審でした。

要するにグローバル化を背景にした東京一極集中問題による国土の大きなゆがみや護送船団方式への外からの批判が、経済界などを地方分権に転換させた最大の要因だったと思います。経済界が機関委任事務の廃止や地方への権限委譲に賛成しはじめたところへ、93年の政変で細川内閣が誕生したことが、日本の政治経済改革の柱として分権改革を一挙に政治日程の中心にのぼせたわけです。このように80年代の参加型分権とは大きくちがって、新自由主義改革の流れを強力な背景として平成の分権改革は始まったのであります。

今から思えば、当時の私は、参加型の都市内分権や北欧・アジアなどでの分権改革の流れとある程度つなげて90年代の地方分権改革を見ていました。私の周りの研究者の多くは、行革審を舞台に財界人が音頭を取る改革なんだから、分権といったって福祉国家を解体して公共部門全体を縮小し、市場主義的なシステムを作る改革だという考え方の人が多く、私などは分権改革の美化論者として批判されることが多かったとおもいます。その後の経過を見ると私を批判した人たちの考え方のほうがあたったような結果になっていますが、私自身はそのころ言ったことについて、あまり後悔していません。

というのは、分権改革は大きな転換期のなかの社会改革で、そのなかにいろいろなベクトルを含んでおり、改革過程も紆余曲折《うよきょくせつ》しましたので、こういう改革についてはじめから結果が決まっているかのように批判するのはすくなくとも私の趣味ではありませんでした。大きな変化の中にさまざまな可能性を見る考え方の幅を持つことが大事だといまも思っています。だから地方分権改革はだめだ、という結論から出発しなかったわけです。

1996年の地方分権推進委員会の「中間報告」は、ナショナル・ミニマムの保障を緩める新自由主義的な傾向を含んではいましたが、「自己決定権に基づく分権型社会の創造」を謳い上げた格調高いもので、改革への期待をいだかせました。70年代に役所に入った「やる気派」の自治体職員で、この文書を読んで、「やっと日本の自治体も『自治』の時代に入る」、と涙ぐまんばかりだった人を私は何人もみております。

ところが、地方分権推進委員会の第一次勧告が出てみると、法定受託事務が結構たくさん残ったり、自治事務でも国との事前協議が必要とされるものが多かったり、税財政関係の改革が見送られたり、中間報告で検討課題とされていた住民投票制度が消えていたわけです。それで私は、『都市問題』や『世界』などの雑誌に自分から寄稿して「中間報告からの後退」を批判し、第二次勧告に向けて具体的な勧告内容の修正を提言しました。

私のこういう発言には、今度は分権推進委員の方向から、「中間報告と勧告の性格の違いを理解しない無責任な批判だ」という反発が、名指しではありませんでしたが飛んでまいりました。結局、地方分権改革については、私は最後まで鵺《ぬえ》みたいな位置にいたという居心地の悪さを感じつづけましたが、後でいいますように、いま考えればどうもその点にこの改革の性格そのものが表れていたように思います。

## 市町村合併と「平成の地方自治改革」

次なるトピックは、いうまでもなく市町村合併です。

結論めいたことを先に申し上げます。90年代に始まる地方自治制度の改革は、いまでも多くの場合、「地方分権改革」と総称されています。第1次の「分権改革」が「未完の改革」に終わったので、第2次ないし第3次の分権改革がなお続いているんだといわれ、市町村合併も道州制も三位一体改革も、みなこの分権改革の一部だとする構図が作られていると思うのです。私は2007年に書いた本で、どうも地方分権改革というネーミングで平成期の地方自治改革を総称するのはミスリーディングではないかと書きました。市町村合併のことに引っかけて、次にこのことについてお話ししたいと思います。

まず市町村合併ですが、99年頃から私にもがぜん市町村合併についての講演やシンポジウムのお呼びがかかり、執筆の依頼も急増しました。これは『地方自治・未来への選択』という小さい本にも書いたことですが、私はもともとはこの問題は、要するにケース・バイ・ケースで考えるしかないと思い、あまり関心がありませんでした。合併問題が起こっている地域から講演に来てくれとか、県や総務省の人とディベートしてほしいなどと頼まれるようになり、最初は仕方なくこのテーマに取り組んだのです。それが、爾来《じらい》何年間か、北は北海道から南は熊本あたりまで、年に30～40回も走り回る羽目に陥りました。私の生涯でもたぶん一番よく働き、動いた時期だったと思います。

最初はケース・バイ・ケースで考えればいいんだという考え方でしたが、よく考えてみると政府が国策でただただ市町村の数を減らすための再編成を進めているので、ケース・バイ・ケースでは済まなくなっており、それが個々の地域ではふるさとの存亡の問題としてとらえられていたのです。自治体の区域・境界の改革のあり方、決め方如何という問題が理論的なテーマとして突きつけられているのだということがわかってまいりました。

自治体合併の合理性を理論的にどう考えるかについては、嫌というほど何回も書きましたので、ここではごく簡単に申し上げるにとどめます。総務省などの合併推進パンフなどをみると、世の中が進歩発展するにつれて自治体の区域はすべからく大きくするのが合理的なのだと書いてありました。早い話が、人口規模と自治体の一人当たり歳出額という2つの変数で効率性を測ってみると、たとえば人口5000人の町村は、人口10万人の市に比べて5倍くらい一人当たり歳出額が多い。ことほどさように自治体の行政にとって規模の利益というのは大きいのだというわけです。

これはきわめて明快な論理で、誰でもわかる。しかし、これはあくまで人口規模と一人当たり歳出額という2つの変数から構成される効率空間での話です。山村や離島の自治体の首長さんなどは、この2つの変数の世界で仕事をしているわけではない。もちろん規模の利益はわかる。しかし実際の自治の世界で働いている変数はほかにもいっぱいあるので、自治体区域の面積、地形、気候などを無視するわけにはいかないのです。

早い話が、合併して人口が倍になった。しかし同時に面積は4倍になった。しかも山また山の地域であるという場合、行政の効率が良くなるとは思えないのです。市町村の平均面積が飛びぬけて広い北海道の町村会がまとまって合併に異論を唱えたのも、むべなるかなです。そして結局、こういう合併をしてもプラスになるとは思えない、小規模で地理的条件の悪い小規模自治体が500近く合併せずに残ったのも同じ理由からです。

結果として、「平成の大合併」はこういう小規模自治体を現在の全市町村の3割近くも残しているので、自治体の構成・規模分布は、おそろしくいびつになったのではないでしょうか。

次に、私自身の市町村合併問題への政治的なコミットメントについても「供述」しておこうかと思います。

はじめのうちは、一人の研究者として、自治体や住民の要請にこたえて、自分の考えをわりと学問的に話して回り、地元がそれをどう受け止めて合併をやるかやらないか、きめてもらえばよいという単純な発想でした。ところが、一直線に合併へ向かっていた町や村から、私のつたない講演に説得力があったので、もう一度考え直すことにしたという手紙やメールをいただいたことが何回かあり、ちょっと感動しました。ところが2002年11月、地方制度調査会でいわゆる「西尾私案」が出て、自治体が合併か自立かを自分では決められなくなるかもしれないということになりました。もはや個々の自治体の選択さえできなくなるとしたら、個々の地域の合併の是非を論じているだけではだめで、国の政策を変える政治的なアクションが求められます。

当時、私は自治体問題研究所の理事長をしておりましたが、これは大変なことだというので、東京で研究所の主催でシンポジウムをやりました。私が司会をして、宮本先生や長野県泰阜村の松島村長などに話していただいたのですが、フロアに長野県栄村《さかえむら》の高橋彦芳村長やニセコ町の逢坂誠二町長など自治体の首長さんも来ておられました。とにかく西尾私案が通れば自治体の意思とは無関係に、小さい町村は、いわばとりつぶしになる。それを回避するには西尾私案が立法化されないような政治環境をつくるしかないが、これは国会の勢力関係からいって簡単なことではない。どうしたらいいのか、というまことに重苦しい雰囲気が会場に立ち込めていました。

このシンポジウムが終わりにさしかかったころ、私は決意して高橋村長に質問をぶつけてみました。「いまのように、政治を動かさなければならないというとき、自治体は本当に無力ですね。地方6団体はハッキリ言って官製団体だし、それぞれの自治体はバラバラでパワーがない。どうでしょうか、6団体とは別に、志ある小規模自治体が横につながって強制的な合併に反対するフォーラムをつくれませんか」。そんな意味のことを言ったと思います。高橋村長は困ったような顔をされていましたが、「ウーン、そうだな。ここまでくればそういうことも必要かもしれませんな。ちょっと考えてみますか」といわれた。これもうろ覚えですが、そんな話だったと思います。

高橋さんはその場限りのいい加減なことをいう人ではありませんので、会が終わるやいなや、わが研究所のスタッフが何人かで高橋さんをお茶の水駅前の居酒屋に拉致して「村長、やりましょうよ」と談判しました。高橋さんは、そのときにはもう心を決めていて、「豪雪の山村栄村に豪雪の季節に全国から小さい自治体の人たちに集まってもらおうか。それがこのころみにふさわしい。時は一番雪の深い2月下旬、栄村がホストをやる。全国から雪のなかを集まってもらおう」という卓抜な提案をされました。これが今も続いている「小さくても輝く自治体フォーラム」のはじまりでした。フォーラム当日、栄村の村営スキー場ホールを埋め尽くした600人の自治体関係者の姿を見た時、大げさですが、「少しヤマが動いたかな」とちょっと感銘しました。

この運動の評価はいろいろあるでしょうが、小規模な自治体関係者の心に灯をともし、あ

第１回小さくても輝く自治体フォーラム（2003年2月23日、長野県栄村）

る程度は市町村合併とくに西尾私案の法制化をストップさせる作用も果たしたと私は思っています。半面、このように市町村合併の過程で、私はあえて研究者の領分を乗り越えて政治的アクターになってしまったわけで、これがどう評価されるかは別です。市町村合併裏話の一端であります。

結果として、市町村数は２００５年時点で１８２０余りにまで減りました。しかし人口１万人以下の町村が５００近く残りました。いま、基礎自治体をさらに７００から１０００程度に減らすという考え方と、せいぜい１６００くらいで打ち止めだという考え方が政府や政党の周辺でせめぎ合っているようです。

ただ見逃せないことは、私には、地方分権改革は市町村合併が進めば進むほど分権改革としての意味や内実を失ってきたように思えることです。地方制度調査会の答申や自治法・合併新法では、合併する自治体の周辺部が衰退しないよう、地域自治区や合併特例区をつくることになっていましたが、じっさいにそういうものが作られた例は数えるほどです。だだっぴろい山また山ばかりの、しかし名前だけは「市」になった自治体の中で、役所はあまりに遠い存在になった。分権改革が自治を薄め、事実上、新たな地域内集権を作り出したことは否定《いな》めません。

## 21世紀の地方自治

最後に多少理論的なまとめを兼ねて、21世紀の地方自治についての私の考え方を申し上げます。

ヨーロッパの地方自治関係者などと話していると、「分権化は分権化で一応済んだ。そのあとに行政改革がきて、区域改革の問題が出てきているんだ」というように諸改革をはっきり区別して議論しています。日本でもたとえば山田公平先生は、私も一緒に編集した『地方自治制度改革論』（自治体研究社、２００４年）という本で、近年の地方自治改革では区域・機能改革、管理改革、参加・代表制改革の３つが複合的に起こっていて、様々なかたちをとりながら、ローカル・ガバメントからローカル・ガバナンスへという変化が全体として進んでいるという観察を示しておられます。また、村松岐夫・稲継裕昭両氏が編集した『包括的地方自治ガバナンス改革』（東洋経済）では、世紀転換期の地方自治改革は文字通り包括的な改革で、改革の軸には、地方分権の軸、ＮＰＭ（ニュー・パブリック・マネジメント）の軸、住民自治の軸が絡み合っているといっておられます。

オランダのルディ・フルストとアンドレ・モンフォートという行政学者は、『ヨーロッパにおける自治体間協力』という本の中で、20世紀後半以降の地方自治をめぐる時代潮流として、①公共サービスの増大による旧い小規模自治体の機能の限界、②都市化にともなう人口移動による地方の人口減少と社会的衰退、③自治体の境界を超える人口の流動化による自治体の対外部課題の増大、④市場の圧力がもたらす政府―民間の関係の再定義や政府部門の活動のビジネス化、⑤ヨーロッパ統合の進展による公的部門の多層化と自治体間パートナーシップや広域連携の展開などをあげています（Rudie Hulst and Andre van Monfort eds., Inter Municipal Cooperation in Europe, Springer, 2007）。

いいかえれば、21世紀初頭の地方自治体はかつてない大きな社会変化のチャレンジを受けているというわけです。こうした変化は、いってみれば人間の制御をこえたマクロトレンドであって、そういう変化の潮流に対応して地方自治は、多面的・包括的な改革をせまられていると彼らも言っています。

同様に、平成日本の地方自治の改革も、包括的な改革であり、もはや分権改革というネーミングに収まりきらないものになっていると思います。したがって、私はこれを「平成の地方自治改革」と大きな名前で呼ぶことにしているわけです。市町村合併や道州制を分権改革とゴチャ混ぜにする議論は、もはや間違いではないかとさえ私には思えます。

さて、そう考えたとき地方自治の歴史的変化を改めてどう考え、21世紀の地方自治をどう展望できるでしょうか。

近代地方自治制度は、各国が地方ごとにアンシャンレジームの時代から継承してきた伝統的な慣習や秩序を引きずりながら制度化されたため、国や地域による偏差が大きく、多様でした。地方自治制度が多様性を持っていたことは、周知の「大陸型」・「英米型」という制度類型の並存をみてもわかるとおりですが、こうした類型の違いは、やがていったん資本主義の発展、とくに工業化・都市化、経済成長、人口増、福祉国家化などの進展とともに薄れ、曖昧化されて、「大陸型」・「英米型」の区別もあまり意味がなくなったのではないでしょうか。

ところが、フルストとモンフォートがいったような21世紀への転換期におけるマクロトレンドの発生とともに、再び地方自治制度の分化・多様化が起こります。

第1に、公共サービスの増大、人口の減少や流動化と地方の衰退に対して、自治体の合併や統合で対応した国と、小規模な自治体を壊さず自治体の広域的協力・連合で対処した国の違いが、北欧・中欧型とスイス以南の南欧型という違いを生み出します。

第2に、市場の圧力や財政の制約に対して、公共部門の縮減、民間化、競争原理の導入などを徹底的に推し進めたアングロサクソン諸国と、こうした改革を抑制的に行った北欧やドイツ、フランスなどとの改革類型の違いも出てまいります。

第3に、公共サービス需要の多様化・多層化と複雑化に対して、伝統的な二層制の総合行政を保持して対応した日本などと、広域化・狭域化双方の需要に対処すべく自治システムを多層化したり、アドホック（特定の目的）な特別公共法人などを柔軟に創設したフランス、アメリカ、イギリスなどとの違いもはっきりしてきています。

さらに第4に、住民投票や都市内分権の仕組みを大胆に取り入れたヨーロッパ、アメリカと、住民自治の強化には慎重だったアジア諸国（フィリピンなどは例外かもしれませんが）なども自治の異なるタイプかも知れません。

地方自治の上に押し寄せている巨大なマクロトレンドは、21世紀にこれまでよりも多次元的で多様な自治の類型を生み出しつつあるのではないでしょうか。

これらを総合すると、①まず区域次元の北中欧型（大規模・総合型）と南欧型（小規模・連合型）の対比がかつての大陸型・英米型に代わる自治体類型として浮かび上り、これと並んで②アングロサクソン的新自由主義型とヨーロッパ的な修正社会民主主義型がもう一つのタイポロジー（類型論）の軸で、これにアドホック型や住民自治型が付随的類型として加わる、というのが今日の地方自治の諸類型ということになるのではないでしょうか。

日本の地方自治改革も、規模の利益の追求や総合行政一辺倒ではなく、こうした21世紀の新しい多様で多次元的な需要に対応したより柔軟なものになることを私は期待し展望しております。どうもご静聴ありがとうございました。

# あとがき

小品ながら、12年ぶりに単著を出すことにしました。この5年は私にとってはかつて経験したことのない苦難の日々でした。２０１２年に大病をし、手術で命はとりとめましたが、後遺症のため長時間の立位や歩行ができなくなり、感覚神経や脳の働きにも違和感が残っています。手術してくれたドクターからは、「元の暮らしに戻ろうと思わず、第2の人生をつくるつもりになってください」といわれました。それ以来、リハビリと大学での座位の授業以外は、ほとんど自宅のリクライニング・チェアでテレビを見るか、三文小説を読む暮らしが続いていました。新しい専門書を読み、研究をすることはできなくなったのですが、２、３の出版社から近年の研究成果を整理した著書を考えてみないかというオファーをいただき、何度かやってみたのですが、その都度体力が続かず果たせないでいました。

安倍内閣の改憲・安保体制改革の動きやトランプ政権の登場、中東紛争・朝鮮半島危機などをみながら、リクライニング・チェアの上で危機感を募らせ、頭を空回りさせているうちに、少なくともいま自分が考えていることを文章にしておこうと思い、パソコンに向かったのが今年2月、春休みを使ってなんとか書いたのがこの本です。自治体研究社編集部の深田悦子さんが同社の出版計画に組み入れてくれ、同社編集嘱託の越野誠一さんがすさまじい編集技術を駆使して短時日の間に出版にこぎつけてくれました。お二人には深謝です。

本書の序章、1章、4章、終章は書下ろしですが、2章、3章、補遺は旧稿を一部修正して転載したものです。補遺は、本文でも書いたように、敬文堂から出版された地方自治叢書22『変革の中の地方自治』に掲載されたものです。転載を許可してくださった敬文堂に感謝します。

この本では、トランプ現象や朝鮮半島・中東危機、EUの動揺や資本主義の行き詰まり、グローバル化に伴う社会空間の錯綜、人口減少社会などを論じながら、地方自治を置き去りにしたような動きの中に、むしろ地方自治の新しい、より大きな課題や可能性を見出し、地方自治という概念を再発見する試みをしてみたつもりです。まだまだアイデア倒れで、考えが十分整理されていませんが、読者の皆さんが何かこの時代を考えるヒントのようなものを感じていただければこれに勝る喜びはありません。

本書はいってみれば私の頭のリハビリのようなもので、読者の皆さんをそれに付き合わせてしまったとすると、大変申し訳ないことでした。軽いタッチのエッセイ風の本という意味では、昔書いた『アメリカ二都物語』（1983年）に似た感じの本かと思います。それだけに文章が走りすぎて、思わぬミスを犯していないか心配です。リアルタイムの問題について書いているので、本が出るころには事情が変わっているかもしれません。ご容赦ください。

最後に、ちょっと大げさですが、この5年私の闘病・リハビリ生活を全面的にバックアップしてくれた連れ合いにこの本を捧げます。彼女は私が無理をして本を書こうなどとせず、リハビリに徹して歩けるようになって、もう一度海外旅行にでもいくことのほうを望んでいるようですが、諦めの悪い亭主で申し訳なく思っています。私のほうは、この次はもう少しちゃんとした学術書を書きたいなどと思っていて、「雀百まで」になるかもしれません。間違っても百歳までは生きられないでしょうが……。

2017年5月　京都二条城近くの寓居で。

加茂　利男

＜著者＞

**加茂 利男**（かも としお）

1945年1月和歌山県生まれ。1967年大阪市立大学法学部卒業。同年大阪市立大学法学部助手に就任。1972年同助教授、1985年同教授を経て、立命館大学公務研究科教授。2014年立命館大学退職。現在、大阪市立大学名誉教授。
専攻：政治学、地方自治論、都市論。

主要著作：

『現代政治の思想像』（日本評論社、1975年）
『アメリカ二都物語』（青木書店、1983年）
『都市の政治学』（自治体研究社、1988年）
『二つの世紀のはざまで』（自治体研究社、1990年）
『日本型政治システム』（有斐閣、1993年）
『市町村合併と地方自治の未来』（自治体研究社、2001年）
『地方自治・未来への選択』（自治体研究社、2002年）
『新しい地方自治制度の設計』（自治体研究社、2005年）
『世界都市—「都市再生」の時代の中で』（有斐閣、2005年）

**地方自治の再発見——不安と混迷の時代に**

2017年5月25日　初版第1刷発行

著　者　加茂利男
発行者　福島　譲
発行所　㈱自治体研究社
〒162-8512 新宿区矢来町123 矢来ビル4F
TEL：03·3235·5941／FAX：03·3235·5933
http://www.jichiken.jp/
E-Mail：info@jichiken.jp

ISBN978-4-88037-664-6 C0031　　印刷：モリモト印刷㈱